탈춤

겨레 전통 도감 탈춤(보급판)

기획 · 토박이
그림 · 홍영우
글 · 조현
탈 그림 · 김경선, 김성건

초판 편집 · 김미선, 김미혜, 이주연
교정 · 박근자
디자인 · 이안디자인

편집 · 김성재, 김소영, 김용란
디자인 · 이종희
제작 · 심준엽
영업 · 백봉현, 안명선, 양병희, 이옥한, 정영지
조병범, 조서연, 최민용
경영 지원 · 임혜정, 전범준, 한선희
원색 분해와 출력, 인쇄 · (주)로얄프로세스
제본 · 과성제책

초판 1쇄 펴낸 날 · 2010년 4월 8일
보급판 1쇄 펴낸 날 · 2016년 4월 30일
펴낸이 · 윤구병
펴낸 곳 · (주)도서출판 보리
출판등록 · 1991년 8월 6일 제9-279호
주소 · (10881) 경기도 파주시 직지길 492
전화 · 031-955-3535(영업) | 031-950-9542(편집)
전송 · 031-950-9501
홈페이지 · www.boribook.com
전자우편 · bori@boribook.com

토박이
주소 · (04050) 서울시 마포구 양화로 156
LG팰리스빌딩 918호
전화 · 02-323-7125 | 전송 · 02-323-7126
전자우편 · tobagi3@empal.com

값 20,000원

ISBN 978-89-8428-926-0 74600
ISBN 978-89-8428-921-5 (세트) 74600
이 도서의 국립중앙도서관 출판예정도서목록(CIP)은 서지정보유통지원시스템 홈페이지(http://seoji.nl.go.kr)와 국가자료공동목록시스템(http://www.nl.go.kr/kolisnet)에서 이용하실 수 있습니다. (CIP제어번호 : CIP2016007919)

겨레 전통 도감

탈춤

기획 토박이 | 글 조현 | 그림 홍영우

보리

차례

머리말 6

탈춤 이야기 8

서낭굿 탈놀이 12

하회별신굿탈놀이 14

1과장 무동마당 18

2과장 주지마당 20

3과장 백정마당 22

4과장 할미마당 24

5과장 파계승마당 26

6과장 양반 선비마당 28

혼례마당과 신방마당 30

오광대 32

가산오광대 34

1과장 오방신장무 38

2과장 영노 40

3과장 문둥이 42

4과장 양반 44

5과장 중 46

6과장 할미 영감 48

통영오광대 52

1과장 문둥탈 56

2과장 풍자탈 58

3과장 영노탈 62

4과장 농창탈 64

5과장 포수탈 68

고성오광대 70

1과장 문둥북춤 74

2과장 오광대놀이 76

3과장 비비과장 78

4과장 승무과장 80

5과장 제밀주과장 82

들놀음 84

수영야류 86

1과장 양반과장 92

2과장 영노과장 94

3과장 할미 영감과장 96

4과장 사자무과장 98

동래야류 100

1과장 문둥이춤 106

2과장 양반 말뚝이춤 108

3과장 영노춤 110

4과장 할미 영감춤 112

산대놀이 114

양주별산대놀이 116

1과장 상좌춤 122
2과장 상좌와 옴중 124
3과장 옴중과 먹중 126
4과장 연잎과 눈끔적이 128
5과장 팔먹중놀이 130
6과장 노장놀이 134
7과장 샌님놀이 138
8과장 신할아비와 미얄할미 142

송파산대놀이 144

1과장 상좌춤 150
2과장 옴중과 먹중 152
3과장 연잎과 눈끔적이 154
4과장 팔먹중 156
5과장 노장 160
6과장 샌님 164
7과장 신할아비와 신할미 168

해서탈춤 170

봉산탈춤 172

1과장 사상좌춤 176
2과장 팔목중춤 178
3과장 사당춤 182
4과장 노장춤 184
5과장 사자춤 188
6과장 양반 말뚝이춤 190
7과장 미얄할미 영감춤 192

강령탈춤 194

1과장 사자춤 198
2과장 말뚝이춤 200
3과장 목중춤 202
4과장 상좌춤 204
5과장 양반 말뚝이춤 206
6과장 노승 취발이춤 208
7과장 미얄영감 할미춤 212

사자놀이 214

북청사자놀음 216

1과장 길놀이 220
2과장 꺽쇠 양반 222
3과장 애원성춤 224
4과장 거사 사당춤 225
5과장 무동춤 226
6과장 꼽추춤 228
7과장 칼춤 229
8과장 넋두리춤 230
9과장 사자춤 232

옛 탈 알아보기 238
등장인물 찾아보기 240
참고한 책 246

머리말

땅과 겨레를 닮은 우리 탈

이 할아버지는 옛날부터 전해 오는 우리 탈을 무지 좋아해요. 탈은 우리 겨레의 얼이 담뿍 담겨 있는 귀중한 문화유산이기도 하지만, 그보다는 익살스럽고 따뜻한 맛이 나는 그 생김새가 마음에 썩 들기 때문이지요. 우리가 살고 있는 아시아에만 해도 500개가 훨씬 넘는 탈이 있다지만, 우리나라 탈처럼 구수한 익살과 따뜻한 정을 담고 있는 탈은 찾아보기 힘들 거예요.

말뚝이나 취발이, 문둥이, 미얄할미를 비롯한 노장, 옴중, 먹중, 그리고 언제나 서민을 등쳐 먹고 권세 부리기를 일삼는 얄미운 양반에 이르기까지 우리 탈춤에 나오는 탈들은 한결같이 익살스러우면서도 사람다운 맛이 납니다. 그 가운데에는 한쪽 눈은 쑥 올라갔는데 반대쪽은 거꾸로 내려앉은 탈이 있는가 하면, 눈뿐만 아니라 코와 입까지 다 제각기 비뚤어 우스꽝스러운 탈도 적지 않아요. 얼굴이 온통 털로 뒤덮인 탈도 있고 곰보 자국으로 울퉁불퉁 일그러지거나 주근깨와 검버섯이 가득한 탈도 있어요. 심지어 사람을 잡아먹는 괴물인 영노나 사자도 무섭기는커녕 어딘가 어수룩해서 보기만 해도 웃음이 나올 만큼 재미나게 생겼거든요.

우리 탈들이 이렇게 따뜻하고 익살스러운 것은 무엇 때문일까요? 아마도 그건 우리 탈이 오랜 세월 동안 서민들과 함께 살아왔기 때문이 아닌가 싶어요. 물론 옛날에는 탈춤이 양반들의 비위를 맞추고 그들을 즐겁게 해 주려고 벌이는 놀이였던 때도 있었지요. 그러나 세월이 흐르면서 탈춤은 양반들 곁을 떠나와 서민들 속에서 살게 되었어요. 서민들이 탈춤을 통해 기쁨과 슬픔을 함께 나누고 서로 어울리면서 탈춤은 더욱 풍성해지고, 마침내 탈 생김새까지 착하고 소박한 서민의 얼굴을 그대로 닮게 된 거라 생각되어요. 탈에 담긴 익살스럽고 따뜻한 느낌은 곧 우리 서민의 모습 그대로인 셈이지요.

우리 탈과 일본의 전통 가면극인 '노가쿠'에 쓰는 탈을 견주어 보면 이 사실은 더욱 뚜렷해져요. 노가쿠에 쓰는 탈은 아주 엄숙하고 차가운 느낌을 주거든요. 그것은 이 가면극이 주로 일본의 귀족 지배층이 보고 즐기는 가면극으로 발전해 와서 지배층들의 삶과 생각이 탈에 그대로 녹아 있기 때문이에요. 우리 탈과 일본 탈의 차이는 바로 여기에 있다고 할 수 있어요.

물론 일본 탈 가운데서도 '횻도코'처럼 익살스러운 것이 있기는 해요. 하지만 우리 탈에 비하면 몇 개 되지 않지요.

이 할아버지는 우리가 익살스럽고 따뜻한 탈을 문화유산으로 가지고 있는 것을 겨레의 자랑으로 여기고 있어요. 나이 70이 넘도록 남의 땅 일본에서 살아오면서 민족의 얼을 긍지로 간직하지 않고서는 온갖 민족적 차별을 이겨 낼 수 없다는 것을 몸으로 사무치게 느껴 보았기 때문이에요. 우리는 이처럼 귀중한 민족의 문화유산을 소중히 간직할 뿐만 아니라 잘 가꾸어 다음 세대한테 고스란히 넘겨주어야 해요. 그 뜻있는 일에 이 책이 조금이라도 도움이 되기를 바라는 마음으로 열심히 그림을 그렸답니다.

신명으로 풀어내는 우리 탈춤

아주 오랜 옛날부터 우리 겨레는 나쁜 기운을 몰아내거나 하늘에 복을 빌 때 탈을 썼어. 탈을 거스르는 짓을 하면 탈이 난다고 믿었고, 반대로 탈을 잘 섬기면 탈이 나는 것을 막을 수 있다고 믿었지. 원시 시대 때 전쟁이나 사냥을 나가면서 가면을 썼던 것도 다 그 때문이야.

이 '탈' 이라는 말에는 복잡하면서도 재미있는 여러 가지 뜻이 담겨 있어. 탈은 먼저 얼굴을 가리거나 꾸미려고 쓰는 물건을 뜻해. 또 얼굴뿐만 아니라 머리에 쓰는 것, 온몸을 가리는 것 따위도 넓게 보면 다 탈이라고 할 수 있지.

이런 탈은 언뜻 생각하면 진짜 모습을 가리고 거짓 모습을 보여 주는 것이니까 나쁜 것 같기도 해. 한자어인 '가면' 은 가짜 얼굴이란 뜻이고, 가면을 쓴다는 건 결국 겉과 속이 다르다는 거잖아. 또 '탈' 이라는 말은 안 좋은 뜻으로 쓰기도 해. '탈이 생긴다', '탈 난다' 는 말은 바람직하지 않은 일, 곧 나쁜 일이 생긴다는 뜻이고. 갑자기 일어난 사고, 병, 실수, 허물이나 트집을 가리킬 때도 탈이란 말을 쓰니까 말이야. "아는 게 탈이다", "배탈이 나다", "생사람한테 괜히 탈을 잡는다", ……. 다 한 번쯤은 들어 본 얘기들이지?

그럼 그렇게 나쁜 뜻만 지닌 탈이니까, 그런 탈을 쓰고 추는 탈춤도 하나 좋을 게 없겠네? 하지만 알고 보면 그렇지 않단다. 앞서 나온 탈의 여러 가지 뜻을 하나로 모아 보면 탈춤이란 '탈을 쓰고, 탈 난 것을, 탈 잡아 노는 것' 이란 말인 셈인데, 그럼 이게 무슨 뜻일까? 탈을 쓴 채로 잘못된 것이나 좋지 않은 것들을 시원하게 꼬집으면서 응어리를 푸는 것. 어라? 그러고 보니 좋은 뜻이 되었네!

그런데 이상한 생각이 들지 않니? 우리나라 탈을 딱 보면 되게 웃기게 생겼거든. 그런데도 옛 어른들은 그렇게 깍듯이 모셨다니 말이야.

사실 탈의 생김새가 특이하기는 해. 저마다 독특한 생김새는 탈의 가장 큰 특징이라고 할 수 있지. 탈 하나하나에 그 사람의 성격은 물론 살아온 삶까지 담으려다 보니 각시와 할미가 다르게 생겼고, 양반과 머슴이 다르게 생겼고, 떠돌이 장사꾼은 또 그 나름으로 생겨 먹었고, 문둥이도 봉사도 자기만의 얼굴이 생기게 된 거야. 얼굴 하나에 온갖 특징을 강하게 나타내다 보니 더 익살스럽고 재미있는 모습이 된 거지.

그래서인지 우리나라 탈은 다른 나라 가면들과는 달리 소박하면서도 우습게 생긴 게 많아. 이웃 나라 일본 가면만 해도 재미있고 익살스러운 얼굴보다는 도깨비처럼 험상궂거나 귀신처럼 으스스해 보이는 허연 얼굴이 많잖아. 그런데 우리 탈은 생김새가 참 다양하고 재미있어. 동글동글한 것, 찌그러진 것, 말처럼 기다란 얼굴에 눈도 퉁방울눈, 움푹 들어간 눈, 실눈, 위로 째진 눈, 아래로 처진 눈, 짝짝이 눈, 게다가 주름살, 파리똥, 옴, 혹, 점박이, 언청이, 부러진 이, ……. 생각만 해도 절로 웃음이 나지 않니? 이런 얼굴들이 하나도 무섭거나 낯설지 않고 내 이웃처럼 정답게 느껴지는 게 우리 탈의 특징이지.

우리 역사 속에는 방상시탈처럼 먼 옛날부터 전해지는 여러 가지 탈이 있단다. 그 가운데서 신라 때 생긴 '처용탈' 이야기는 많이 들어 보았지? 처용이 밤새워 놀다가 집에 돌아와 보니, 아내 옆에 귀신이 누워 있어서 아무 말 없이 물러나 노래를 부르며 춤을 추었더니 그 귀신이 두려워 도망갔다는 이야기 말이야.

처용은 아내한테 귀신이 달라붙어 '탈이 나고', '탈이 생겼다' 고 보고, 더 무서운 탈을 써서 그놈의 탈을 쫓아 버려야겠다고 생각했던 거야. 그러니까 나쁜 귀신을 몰아내서 탈이 없게 하려고 탈을 쓰고 굿을 한 거지. 처용이 무당이었고, 처용이 추었던 춤은 신들려서 추는 굿춤이었다고 생각한다면, 신라 때에 이미 탈춤이 탈을 막거나 귀신을 쫓는 의식으로 자리 잡았을 것으로 짐작할 수 있어.

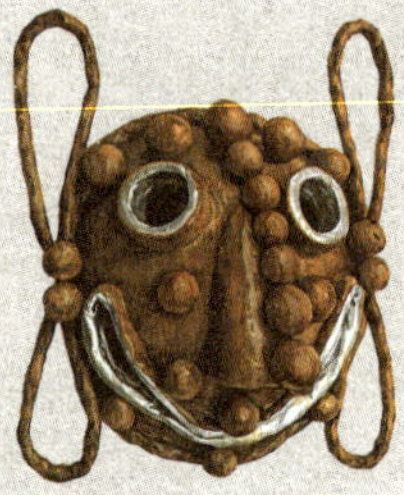

이런 전통은 고려 시대를 거쳐 조선 말까지 나례 같은 의식으로 이어져 내려왔는데, 이것이 민간으로 전해지면서부터 귀신을 쫓는 의식이라기보다는 사람들끼리 생각과 느낌을 말과 몸짓으로 드러내며 즐기는 놀이나 가면극에 가깝게 되었어. 그렇다고 본디 구실이 사라진 건 아니야. 탈놀이를 벌이기에 앞서 하는 길놀이나, 탈놀이 끝 무렵에 올리는 고사는 복을 받고 풍년을 맞기를 비는 뜻이 담겨 있지. 그래서 아직도 탈은 함부로 해서는 안 될, 공경하고 두려워하는 대상이기도 해.

그런 탈을 쓰고 추는 춤을 탈춤이라고 해. 탈을 쓴 사람들이 말도 하고 노래도 하고 춤도 추며 노는 놀이이면서 연극이기도 하지. 그런데 처음부터 탈춤이라는 말이 널리 쓰였던 건 아니야. 본디 탈놀이나 민속 가면극을 노는 지방에 따라 산대놀이, 들놀음, 오광대, 탈춤 따위로 달리 불렀는데, 그 가운데 탈춤은 봉산, 강령 같은 황해도 지방에서 놀던 민속 가면극만을 가리키는 말이었거든. 그러다가 1970년대에 들어서면서 젊은이들 사이에 '탈춤' 이라는 말이 널리, 흔하게 쓰이기 시작했지. 탈이 내뿜는 강한 느낌과 장단을 타는 자유로운 몸놀림에는 딱딱하고 어려운 한자어인 '가면극' 보다 쉽고 정겨운 우리말 '탈춤' 이 한층 더 가까이 와 닿았던 거야. 그래서 이제는 탈춤이란 말이 그 뿌리가 조금 다른 서낭굿 탈놀이와 사자놀이까지 포함한 가면극을 두루 가리키는 넓은 뜻으로 쓰이게 되었지.

가만 살펴보면 탈춤에 나오는 사람들은 거의가 다 소박한 우리 이웃들이야. 머슴, 백정, 파계승, 문둥이, 사당패, 기생, ……. 모두 어딘가 부족하거나 남들과 달라서 차별받고 무시당하는, 가슴속에 눈물이 많은 사람들이지. 하지만 탈춤을 놀 때 만큼은 이들이 억눌러 두었던 이야기를 마음껏 풀어 놓을 수 있어. 힘 가진 윗사람들이 잘난 체했던 것들, 거짓말했던 것들도 시원하게 까발리고, 잘못 돌

야기는 세상일들도 맘대로 꼬집고 비틀어 버리지. 보기만 해도 웃음이 나오는 못생긴 탈을 뒤집어쓰고, 흥겨운 몸짓에 질펀한 욕도 해 가면서 말이야. 이렇게 배꼽 빠지게 웃기고, 웃으면서 한바탕 놀다 보면 속이 다 후련해지고, 그동안 받았던 상처들도 어느새 아물어 다시 살아갈 기운을 낼 수 있었던 거야.

탈춤이 오랜 세월 동안 우리 겨레의 삶 속에 함께할 수 있었던 것도 이처럼 응어리를 푸념이나 눈물로 풀어내지 않고, 마음속 깊이 자리한 신명으로 흥겹게 풀어냄으로써 함께 즐겨 왔던 까닭일 거야. 그 흥과 웃음이 오늘날까지 탈춤에 고스란히 담겨 전해 온 거지.

조선 후기에 이르러서야 오늘날과 같은 모습으로 자리 잡은 탈춤은, 몰락해 가는 양반들의 허세를 비웃고 중 같은 특정 인물에 대한 풍자와 비판을 춤과 대사로 풀어내면서 서민들의 많은 사랑을 받아 왔어. 일제 강점기인 1930년대에 거의 맥이 끊겼던 것을, 1960년대 들어 민속학자와 탈춤 연구자들이 되살려 냈지. 오래전에 탈춤을 보았거나 탈춤을 추었던 사람들을 찾아내 그들이 입으로 전하는 내용을 기록하면서 어렵게 정리한 거야. 그러다 보니 탈춤 하나에도 대본이 여러 개 있어 내용이 조금씩 다르기도 해.

이 책에서는 무형 문화재로 지정된 열한 가지 탈춤을, 오늘날 그 탈춤 보존회가 공연하고 있는 대본을 바탕으로 해서 그림과 이야기로 한 과장씩 보여 줄 거야.

그럼 이제부터 우리 모두 신명 나는 탈춤 한 마당 펼쳐 볼까?

서낭굿탈놀이

농촌 마을에서 액이나 잡귀를 막고 농사가 잘되기를 서낭신한테 빌면서 함께 놀았던 탈춤이다. 해마다 지내는 동제와 몇 년에 한 번씩 지내는 별신굿이 있다.

하회별신굿탈놀이

하회별신굿탈놀이 이야기

하회별신굿탈놀이는 경상북도 안동 하회 마을에 전해 내려오는 탈춤이야. 이름처럼 굿이라고도 볼 수 있지만, 엄숙하게 신한테 빌기만 하는 굿은 아니야. 거기에 신명 나는 놀이, 바로 하회 탈춤이 곁들어지지. 먼저 굿으로 시작해서 한바탕 탈춤을 놀고 다시 굿으로 마무리하는 셈이랄까?

예로부터 우리 조상들은 땅과 마을을 지켜 준다는 서낭신을 믿어 왔어. 마을 사람들 모두 땅을 함께 일구면서 먹고살아 가다 보니 자연히 그랬겠지. 하회 마을도 해마다 서낭신한테 동제를 지내고, 5년이나 10년에 한 번씩은 따로 별신굿을 했어. 하회 마을 사람들이 섬기는 '무진생 서낭님'은 무진년에 태어나 열일곱 꽃다운 나이에 죽은 의성 김씨라는 여인이라지. 또는 열다섯 살에 시집와 사흘 만에 남편을 여의고 홀로 된 여인이라고도 해. 동제와 별신굿은 이 한 많은 여인을 위로하고 여신이 마을을 잘 지켜 주기를 비는 의식이야. 마을 사람들 모두가 병이나 사고 없이 건강하고 한 해 농사가 잘되도록 말이야.

하회별신굿탈놀이는 음력 12월 말부터 준비를 시작해서, 정월 초이튿날 아침에 제사를 주관하는 산주와 각시, 그리고 탈춤을 놀 광대들이 서낭당에 모여. 거기에 서낭대와 내림대를 세우고 음식도 정성스레 차려 놓고는 신이 내리기를 빌지. 내림대에 달아 놓은 방울이 딸랑딸랑 울리면 신이 내렸다는 뜻으로 알고 산을 내려오기 시작해. 이때, 서낭신으로 받드는 각시는 광대의 어깨 위에서 무동을 타고 와. 그동안 마을 사람들은 서낭대에 옷을 걸면서 서낭신한테 복을 빌고 놀이패가 동사(洞舍)에 닿으면 비로소 탈놀이가 시작되는 거야.

하회별신굿탈놀이의 과장은 무동마당, 주지마당, 백정마당, 할미마당, 파계승마당, 양반선비마당, 혼례마당, 신방마당으로 이루어져 있어. 과장 하나가 끝날 때마다 흥겹게 풍물을 연주하고 다음 과장으로 넘어가지. 이 가운데 혼례마당과 신방마당은 구경꾼들을 다 돌려보낸 다음, 어둠 속에서 비밀스럽게 치렀어. 처녀로 죽은 서낭신한테 짝을 맺어 주며 위로하는 의식이거든.

하회 탈춤은 우리나라에서 가장 오래된 탈춤이고, 하회탈은 고려 시대의 탈 모습을 고스란히 간직하고 있다고 해. 거기 얽힌 옛이야기가 있으니 한번 들어 보렴.

고려 중기, 하회 마을에 살던 허 도령의 꿈속에 신령님이 나타나더니 탈을 깎으라고 하시는 거야. 그날로 허 도령은 금줄을 치고 작업장에 틀어박혀 밤낮없이 탈을 깎기 시작했어. 그런데 허 도령을 사모해 오던 한 처녀가 허 도령이 너무 보고 싶은 나머지 금줄을 넘고 들어가 엿보고 말았어. 그 순간 허 도령은 그 자리에서 피를 토하고 죽어 버렸대. 그래서 마지막으로 깎고 있던 탈을 미처 완성하지 못했지. 그 탈이 바로 이매탈인데, 만들다 말아서 진짜로 턱 부분이 없어.

이매탈을 비롯한 하회탈 열 개는 세계에서 보기 드문 뛰어난 작품이야. 나무로 만들어서 빛을 받거나 이리저리 움직일 때 마치 살아 있는 것처럼 보이거든. 또한 얼굴에 기쁨, 슬픔, 노여움, 즐거움 같은 여러 가지 감정들이 모두 담겨 있다지.

하회 마을의 서민들은 탈놀이를 통해 양반 사회를 풍자하고 비판함으로써 억눌러 왔던 감정을 거리낌 없이 드러냈어. 양반들은 서민들이 하려는 이야기에 귀 기울이면서 갈등을 풀어 나가려 했지. 이렇게 하회별신굿탈놀이는 마을 사람들의 건강과 한 해의 풍년을 간절히 비는 의식이면서, 양반과 서민이 조화롭게 살아가는 방법을 고민하고 배우는 기회이기도 했던 거야. 하회 마을처럼 신분 질서가 엄격했던 양반 마을에서 하회별신굿탈놀이가 수백 년 동안 이어져 올 수 있었던 까닭을 이제는 알겠지?

하회별신굿탈놀이 [중요무형문화재 제69호]

1과장 **무동마당** 서낭당에서 신내림을 받은 놀이패가 흥겹게 춤을 추며 마을로 내려온다. 서낭대를 앞세우고 서낭신으로 받드는 각시광대는 무동을 탄다. 광대들이 그 뒤를 따른다.

2과장 **주지마당** 암수 주지 두 마리가 나와 서로 마주 보면서 춤을 추기도 하고 껑충껑충 뛰면서 싸우기도 한다. 초랭이가 나와 쫓아내면 주지들이 달아나고 초랭이도 그 뒤를 따라 나간다.

3과장 **백정마당** 백정이 망태기를 메고 도끼를 든 채 춤을 추면서 나온다. 도끼로 소를 잡아 염통과 소불알을 망태기에 담고 소불알을 사라고 하면서 돌아다닌다. 끝내 팔지 못한 백정은 한바탕 춤을 추다가 천둥소리에 놀라 달아난다.

4과장 **할미마당** 할미가 나와 마당 한가운데 털썩 주저앉는다. 베를 짜면서 베틀가를 부르며 고단하게 살아온 팔자타령을 한다. 먹을 것을 많이 먹다간 쪽박 차고 얻어먹는 신세밖에 안 된다고 하는 한 광대의 말에 할미는 팔자 탓이라 하며 구경꾼들한테 걸립을 하러 간다.

5과장 **파계승마당** 부네가 춤을 추며 나오더니 주위를 살피다 오줌을 눈다. 지나가던 중이 그 모습을 보고 마음이 흔들려 부네한테 다가가 춤을 춘다. 초랭이와 이매가 나와 우리도 중처럼 놀아보자며 같이 춤을 추다가 저마다 주인을 부르러 간다.

6과장 **양반 선비마당** 초랭이가 양반을 데리고 나와 선비와 서로 인사를 시킨다. 양반과 선비는 문자를 써 가면서 점잔을 떨다가 백정이 소불알을 팔러 오자 서로 자기 것이라며 싸운다. 할미가 나타나 이런 꼴은 처음 봤다며 혀를 차니 모두가 화해하고 다 같이 어울려 춤을 춘다.

혼례마당과 신방마당 해가 지면 마을 어귀에 있는 밭에서 혼례마당과 신방마당을 치른다. 각시광대가 신부가 되고 선비탈을 쓴 청광대가 신랑이 된다. 혼례가 끝나면 신방을 차리고 첫날밤 의식을 한다. 처녀의 몸으로 죽은 서낭신을 위로하고 풍년을 비는 뜻이 담긴 의식이라 이 두 마당은 구경꾼 없이 조용하고 경건하게 치른다.

양반

각시

부네

백정

선비

할미

이매

초랭이

주지

중

1 과장

무동마당

서낭대에 신이 내리면 놀이패는 서낭신으로 받드는 각시광대를 무동 태워 마을로 내려가.

2과장

주지마당

암수 주지 두 마리가 나와 춤을 추면 비로소 탈놀이가 시작돼. 주지춤은 본격적인 놀이판을 벌이기에 앞서 놀이마당을 깨끗이 하려는 굿이라고도 할 수 있어. 주지는 이 세상에 없는 상상의 동물이야. 사자라고 하는 사람도 있고, 머리에 꿩 깃을 달고 입은 새 부리처럼 뾰족하게 생겼으니 꿩이라는 사람도 있지. 푸른색 얼굴에 있는 비늘무늬를 보면 용 같기도 해. 신성하고 무서운 상상의 동물인 주지가 나와 격렬하게 춤을 춤으로써 놀이마당에 있는 나쁜 기운과 귀신을 쫓아내는 거야.

주지탈은 얼굴에 쓰는 다른 탈들과는 달리 손에 들고 노는 손 탈이야. 삼베 자루를 뒤집어쓰고 자루 위쪽에 있는 구멍으로 두 손을 내밀어 탈을 쥐는 거지. 옛날에는 귀신을 쫓는다는 뜻으로 누런 삼베 자루 대신 붉은 자루를 쓰고 놀기도 했대.

어쨌든 암수 주지 두 마리가 큰 몸짓으로 두 발로 껑충껑충 뛰면서 온 놀이마당을 휩쓸고 다녀. 서로 입을 물기도 하고 엉켜서 엎치락뒤치락하는 모습을 보면 춤추는 것 같기도 하고 싸우는 것 같기도 해. 탈에 달린 입을 열었다 닫았다 하면서 "따다다닥!" 하는 소리를 내기도 하지.

암수 주지 둘이서 한참 동안 그러고 있으면 초랭이가 나타나서 "후이! 후이!" 하고 주지들을 쫓아내. 수놈이 먼저 달아나면 암놈이 뒤따라 나가고, 초랭이 혼자 남아 까불까불 춤을 추다 들어가면서 마무리돼.

암수 주지가 서로 싸우다가 암놈이 수놈을 이기는 내용에는 농사가 잘되고 아이를 많이 낳는 것을 바라는 우리 조상들의 마음이 담겨 있다. 그래서 옛날에는 탈놀이할 때 아낙네들이 자식을 낳게 해 달라고 비는 뜻으로 놀이마당에 속옷을 벗어 놓으면, 주지가 물어다가 서낭대에 걸어 주었다고 한다.

3과장

백정마당

도끼를 든 백정이 굿거리장단에 맞추어 춤을 추면서 나와. 소나 개, 돼지 따위를 잡는 일을 하는 신분이라고 천대받는 몸이지만, 건장한 몸 하나는 여느 양반도 부럽지 않지. 거침없는 몸짓으로 신 나게 춤을 추며 놀다 보니 저쪽 귀퉁이에 소 한 마리가 어슬렁거리고 서 있네.

"저놈의 소 새끼, 여기 있었구나. 저놈을 잡아다가 여기서 큰 잔치나 벌여야 되겠다."

백정이 슬금슬금 다가가 도끼를 내려치니 소가 단번에 쓰러졌어. 배를 갈라 염통을 꺼내고 소불알을 잘라 조심조심 망태기에 담아 메고는 얼씨구나 구경꾼들 앞에 나섰겠다.

처음에는 그저 회를 해 먹어도 좋고, 불고기감으로도 좋다며 염통을 사라고 하던 백정이 나중에 가서는

"쓸개나 염통 없는 양반은 사서 몸에 넣어 보소. 사람 것보다 커서요, 오줄없는 양반 오줄 생기고 염치없는 양반 염치 생겨요."

일하지 않고 편하게 놀고먹으며 거드름만 피우는 양심 없는 양반들을 슬쩍 비꼬는 거야.

"점잖은 공자도 자식 낳고 살았는데, 뭐 그따위 체면 때문에 남의 눈치 보지 말고 양기에 좋은 소불알 사 먹어 보소."

소불알을 들이대면 구경꾼들은 멋쩍어하면서도 은근히 호기심을 갖는 눈치지.

한참을 떠들었지만 아무것도 팔지 못한 백정은 서너 푼어치도 안 되는 체면 때문에 장사가 망했으니 춤이나 실컷 추어야겠다며 한바탕 춤을 추다가 갑자기 울리는 천둥소리에 놀라 허겁지겁 도망을 가.

4과장

할미마당

얼굴은 쭈글쭈글 이마저 듬성듬성 빠진 꼬부랑 할미가 뒤뚱뒤뚱 엉덩춤을 추면서 마당 한가운데로 나와. 바가지를 들고 구걸해야 될 만큼 생활이 아주 어려운 처지를 '쪽박신세' 라 하더니, 할미 허리춤에 차고 있는 쪽박 하나만 봐도 고달프게 살아온 신세를 알 만하구나. 베틀에 걸터앉은 할미는 베를 짜면서 넋두리처럼 베틀가를 불러.

바디 잡아 치는 소리 우리 낭군 목소리요
살림살이 어떤가배 애고애고 묻지 마소
시집온 날 입은 치마
분홍 치마 눈물 되고 다홍치마 행주 되네

한숨과 눈물로 베를 짜는 할미를 보고 광대 하나가 말을 걸어. 여기서 광대는 영감 노릇을 하지. 베를 다 짰느냐는 물음에 할미가 다 짰다고 하자, 광대는 어제 자기가 사 온 청어는 다 먹었느냐고 묻네. 그러자 할미가 하는 말이, "엊저녁에 당신 한 마리, 내 아홉 마리, 오늘 아침에 내 아홉 마리, 당신 한 마리, 한 두름 다 먹었잖나." 하고 혼자 다 먹다시피 한 것을 당당하게 밝히는 거야. 어처구니없어진 광대가 그따위로 살림하면 쪽박 들고 얻어먹는다고 구박하자 할미 대답이 가관일세.

"팔자가 그런 걸 도리가 있나."

할미는 다시 일어나 춤을 추다가 구경꾼한테 다가가 걸립을 해.

5과장

파계승마당

굿거리장단에 맞추어 부네가 나오는데, 저 걸음걸이 좀 봐. 남색 치맛자락을 살짝 움켜쥐고 오금을 살짝 접었다 폈다 맵시 있는 잔걸음질로 오금춤을 추면서 나오는데, 하얀 분단장에 한껏 멋 부린 모습이 여염집 아낙네는 아니야.

갑자기 오줌이 마려워진 부네가 아무도 없나 주위를 살피고는 치마를 들추고 냉큼 앉아 오줌을 누는데 아이고, 이를 어째. 지나가던 중이 우연히 그 모습을 보게 되었으니.

단박에 마음을 뺏겨 버린 중은 고민에 빠졌어. 저 예쁜 여인이 마음에 들기는 하는데, 자기 신분을 생각하자니 여자 보기를 돌같이 해야 하는 중이란 말씀이야. 나무아미타불 관세음보살…… 염불을 외며 들뜬 마음을 가라앉혀 보다가,

"에라 모르겠다, 중이고 뭐고 다 때려치우고 저기 있는 각시하고 춤이나 추고 놀아야 되겠다." 하고는 부네한테 다가가 수작을 걸기 시작해. 처음에는 부네도 손을 뿌리치면서 요리조리 도망을 가. 그래도 다가와 집적거리는 중이 영 싫지는 않은 모양이지? 마침내 못 이기는 척하면서 중하고 어울려 춤추고 놀아.

그 모습을 지켜보던 초랭이가 옆에 있는 이매를 꼬드기네.

"이매야, 중도 춤추고 노는 세상인데 우리도 한번 춤추고 놀아 보자."

이매도 옳다구나 하고 같이 자진모리장단에 맞춰 흥겹게 춤을 추다가 주인들을 데려오기로 하지. 이매는 선비를 데리러 가고, 초랭이는 양반을 큰 소리로 불러.

"양반요-, 양반요-, 얼른 나오소."

6과장

양반 선비 마당

양반과 선비가 서로 거드름 피우며 인사를 나누고 있는 자리에 중하고 달아났던 부네가 슬쩍 들어와. 양반과 선비 사이를 왔다 갔다 하며 선비 손도 잡았다 양반 어깨도 주물렀다 아양을 떠니, 둘 다 부네를 독차지하려는 욕심에 영 맘이 편하질 않아. 주인 양반의 맘을 눈치챈 초랭이가 양반을 골탕 먹이려고 두 사람 싸움에 부채질을 하니, 싸움 같지도 않은 싸움이 붙기는 붙었네.

"나는 사대부의 자손일세."
"아니, 뭐라꼬? 사대부? 나는 팔대부의 자손일세."
"아니, 팔대부? 그래, 팔대부는 뭐꼬?"
"팔대부는 사대부의 갑절이지."

두 양반이 엉터리 문자를 써 가면서 서로 자기가 지체가 높으니 학문이 깊으니 하며 부네를 차지하려고 한참을 다투고 있는데 백정이 소불알을 들고 나타났어. 양기에 좋다는 말에 그만 솔깃해진 양반과 선비는 "내 불알이다.", "아니다, 내 불알이다."하며 소불알 하나를 잡고서는 난리도 아니야. 늙은 할미조차 그 꼴을 보고 끌끌 혀를 찰 지경이니 이런 망신이 어디 있나? 뒤늦게 정신을 차린 두 사람은 화해를 하고 부네와 초랭이, 할미랑 어울려 한바탕 춤을 추지. 그런데 갑자기 별채가 나타나 "환재* 바치시오." 하고 소리치니 모두가 놀라 도망을 치는 거야. 양반이고 백정이고 늙은이고 젊은이고 환재 걷어 가는 별채가 범보다 무서운 모양이지?

* 환재 : 환자. 나라에서 봄에 곡식을 꾸어 주고 가을에 이자를 붙여 거두던 일. 또는 그 곡식. 환곡.

혼례마당과 신방마당

탈놀이가 끝나고 날이 어두워지면 구경꾼과 광대들은 다 돌아가고 양반광대와 각시광대, 청광대만 남아 마을 어귀에 있는 밭에 모닥불을 피워 놓고 혼례마당과 신방마당을 벌여. 바닥에 멍석을 깐 다음, 탈놀이 때 쓰던 장구 위에 고깔을 올려놓아 혼례상을 차리지. 각시광대는 신부가 되고, 없어진 도령탈 대신 선비탈을 쓴 청광대*가 신랑 노릇을 해. 양반광대는 탈을 쓰지 않고 혼례식을 이끌어 가는데, 혼례식을 끝내고 나면 신랑과 각시한테 "신방으로 들어가라." 하고 말해. 따로 신방을 차릴 것 없이 혼례상으로 놓았던 장구를 치우면 멍석이 신방이 돼. 신랑과 각시는 어둠 속에서 첫날밤 의식을 치르지.

이 두 마당은 처녀의 몸으로 죽은 서낭신을 위로하고 풍년을 비는 뜻을 담고 있어. 그래서 반드시 곡식을 뿌리고 거두는 밭에서 구경꾼 없이 엄숙하고 비밀스럽게 치르는 거야.

* 청광대 : 하회별신굿탈놀이를 할 때 탈을 관리하는 사람.

오광대

경상남도 가산 고성 통영 지방 들에서 놀던 탈춤이다.
흔히 다섯 광대가 나오거나 다섯 마당으로 이루어진다.
강에 떠내려온 궤 안에 탈 다섯 개와 탈놀이 도구가
들어 있어 놀이가 시작되었다고 전한다.

가산오광대

통영오광대

고성오광대

가산오광대 이야기

가산오광대는 경상남도 사천시 축동면 가산리에 전해 내려오는 탈춤이야. 본디 오광대에는 동, 서, 남, 북, 중앙을 지키는 다섯 광대가 나와 논다는 뜻도 있고, 다섯 과장으로 이루어져 있다는 뜻도 있어. 하지만 지역마다 내세우는 뜻이 다르니 어느 하나만 맞다고 할 수는 없지. 다만 낙동강 서쪽 지역에서 놀던 탈춤을 '오광대', 동쪽 지역에서 놀던 탈춤을 '들놀음'이라 한다고 보면 돼.

가산오광대는 오광대 가운데 역사가 가장 오래되었다고 해. 가산에서 평생을 살아온 할머니, 할아버지들은 가산오광대가 300년도 더 된 놀이라고들 이야기하신다니까, 얼추 조선 후기 무렵에 시작된 것으로 짐작할 수 있지.

진주에서 조금 떨어진 바닷가에 있는 가산에는 조선 말까지 조창이 있었어. 조창은 나라에 세금으로 바칠 곡식을 옮기거나 보관해 두려고 강가나 바닷가에 만들어 놓은 커다란 곳간이야. 그런 만큼 교통도 발달해서 큰 시장도 서고, 삼백여 집 정도가 모여 살던 큰 마을이다 보니 탈놀이를 벌이기에는 제격이었지.

통영오광대나 고성오광대가 합천 초계 밤마리 장터에서 놀던 대광대패의 오광대를 본받아 만든 것과 달리, 가산오광대는 의령 신반리 장터에서 놀던 대광대패의 오광대를 본받아 만들었어. 그런 까닭에 경상도 지방의 다른 오광대에서는 볼 수 없는 독특한 점이 많아. 다섯 방위를 지키는 중앙황제, 동방청제, 서방백제, 남방적제, 북방흑제의 다섯 신이 나와서 추는 오방신장무는 가산오광대에서만 볼 수 있고, 문둥이가 다섯, 무당도 다섯인 것도 가산오광대만의 특징이지. 또 영감과 할미의 싸움에서 남성인 영감이 죽는 것도 다른 탈춤에서는 볼 수 없는 모습이야.

탈춤을 처음 시작하게 된 계기도 다른 오광대와는 조금 달라. 옛날 어느 봄날, 가산 마을의 강가에 궤가 하나 떠내려와서 열어 보니, 그 속에 탈춤 대본이 적힌 책이 들어 있더래. 그 책을 그곳에 귀양 와 있던 서울 선비한테 보였더니, 탈춤을 본 적이 있던 선비가 그 책에 적혀 있는 대본을 읽어 주고 탈을 쓰고 노는 법을 가르쳐 주었다는 거야.

가산에서는 음력 정월 초하루, 그러니까 설날이면 마을을 지키는 산신과 장승에게 제사를 지냈어. 이튿날부터는 놀이패가 집집마다 돌면서 복을 비는 지신밟기를 하고, 정월 대보름 밤이 되면 오광대를 놀았지.

가산오광대를 놀 때는 먼저 궤에서 탈을 꺼내 놓고 고사를 지내. 그러고는 탈놀이 시작을 알리는 뜻으로 '가산오광대' 라고 쓰인 깃발을 앞세운 채 마을을 한 바퀴 돌지. 그다음에야 오방색 옷을 입은 다섯 광대가 나와 오방신장무를 추면서 탈놀이를 시작해. 오방신장무, 영노, 문둥이, 양반, 중, 할미 영감, 이렇게 여섯 과장으로 이루어진 가산오광대가 하고자 하는 이야기는 다른 탈춤들과 비슷해. 지배 계층인 양반과 타락한 중들, 남자한테만 이로운 가족 제도를 날카롭게, 그러면서도 우스꽝스럽게 비판하는 거지.

가산오광대에서 쓰는 탈은 종이로 만든 것이 많아. 그런데 다른 탈춤의 종이탈과는 달리 두꺼운 종이를 얼굴 모양으로 자른 다음 코만 따로 붙여 간단히 만들지. 문둥탈과 말뚝이 탈은 바가지로, 양반탈은 대소쿠리로, 영노탈은 대삼태기를 써서 만들어.

다른 지방의 탈춤이 일제 강점기 때 잠시 맥이 끊겼던 것과는 달리 가산오광대는 1960년대까지 가장 오래도록 이어져 왔어. 1919년에 일어난 삼일 운동 뒤에는 공연을 해서 모은 돈으로 학교를 세워 글을 가르치고 마을 사람들이 함께 쓸 농사 기금을 마련하기도 하면서 민족의식을 일깨우는 데 앞장서기도 했지. 오랫동안 억눌려 왔던 여성들이 조금씩 자기주장을 하면서 권리를 찾으려는 움직임을 찾아볼 수 있는 것도 가산오광대가 근대화 과정을 거치면서 발전했기 때문일 거야.

가산오광대 [중요무형문화재 제73호]

1과장 오방신장무 중앙황제장군을 앞세우고 오방신장이 차례로 춤을 추며 나온다. 황제장군이 일러 주는 대로 나머지 장군들이 제자리를 찾아 서고 나면 다 같이 어울려 춤을 추고 논다.

2과장 영노 오방신장이 춤추고 노느라 한창인데, 영노가 나타나 신장들을 차례로 잡아먹는다. 혼자 살아남은 중앙황제장군이 죽음을 피해 보려고 이런저런 핑계를 대지만 결국 영노한테 잡아먹힌다. 포수가 나타나 총을 쏘아 영노를 죽인다.

3과장 문둥이 문둥이 다섯이 나와 장타령을 부르고 노름을 하며 논다. 순검이 잡아가려다가 문둥이들이 용서를 빌자 으름장만 놓고 간다. 다시 노름을 하는 문둥이들한테 어딩이가 개평을 얻으려다 거절당하고 순검한테 일러바쳐 문둥이 무리는 잡혀간다.

4과장 양반 큰양반과 세 아들이 나와 춤을 추면서 한바탕 신나게 논다. 말뚝이가 나와 양반들을 돼지 다루듯 하며 갖은 말로 양반들의 약을 올리다 나가 버리면 큰양반 혼자 남아 민망하게 서 있다.

5과장 중 늙은 중이 상좌를 데리고 양반의 첩인 서울애기를 꾀어 업고 달아난다. 그 사실을 안 양반은 말뚝이를 시켜 중을 잡아들이고 곤장을 때린 다음 풀어 준다. 풀려난 중은 웃이며 염주를 벗어 던지고 속인이 되려 한다.

6과장 할미 영감 할미가 아들 마당쇠와 놀고 있는데, 서울 갔던 영감이 서울애기를 데리고 돌아온다. 재산 문제로 할미와 다투다가 조상 단지를 깨고는 동티가 나서 죽는다. 할미는 죽은 영감을 위해 무당을 불러 오구굿을 해 준다.

중앙황제장군
동방청제장군
북방흑제장군
서방백제장군
남방적제장군
큰양반
문둥이
말뚝이
포수
할미
서울애기
작은양반
마당쇠
영노

1과장
오방신장무

중앙황제장군을 비롯한 다섯 신장이 나와 오방신장무를 추면서 천지 사방의 나쁜 기운을 쫓아.

2과장

영노

중앙황제장군이 춤을 추다가 문득 돌아보니, 다른 신장들은 어디론가 다 사라지고 괴상하게 생긴 짐승이 자기 앞에 떡 버티고 섰거든. 이 녀석이 신장들을 다 잡아먹은 모양이니 어이쿠, 이제 죽었구나 싶어.

영노에게 잡아먹히지 않으려고 온갖 궁리를 다 하는데,

"내가 호랑이다."

"내가 호랑이도 잡아먹는 담보다."

세상에 제일 크고 무서운 놈 이름을 갖다 대도 영노는

"호랑이는 한 입에 두 마리씩 먹는다."

"담보? 그거는 더 잘 먹지." 하며 눈도 꿈쩍 않거든.

"내가 모기다."

"내가 깔따구다."

이번엔 작고 더럽고 찰거머리 같은 놈 이름을 대도 그런 건 한 입에 두 통씩 먹는다나 어쩐다나 아랑곳 안 하네.

"이놈 영노야, 내가 양반인데 네가 양반도 먹느냐?"

속으론 겁이 나지만 마지막으로 호통 한번 쳐 보는데 웬걸,

"흥, 양반은 더 맛있지!" 하고는 날름 장군을 잡아먹어 버리지.

중앙황제장군까지 다 잡아먹은 영노가 신나게 춤을 추고 있는데, 포수가 살금살금 다가오더니 총을 쏘아 영노를 단방에 쓰러뜨려. 총 앞에서는 천하의 영노도 별수 없는가 봐.

아무리 힘 있는 것이라도 항상 그 위에는 더 큰 힘이 있기 마련이니, 권세와 힘만 믿고 힘없는 사람들을 괴롭히면 안 된다는 걸 알려 주는 거야.

3과장

문둥이

문둥이 과장은 경상도의 오광대와 들놀음에만 있는데, 그 가운데서도 문둥이가 다섯 나오는 것은 가산오광대뿐이야. 절름발이, 입찌그랭이, 곰배팔이, 언챙이, 코 빠진 놈 다섯이 나와 풍물 장단에 병신춤도 추고 장타령도 부르더니 동냥을 하러 나서. 동냥한 돈으로 노름을 하면서 투전 불림 타령을 부르는데, 어디 한번 들어 볼까?

일자나 한 장 들고나 보니
호박씨 같은 일자요
이자나 한 장 들고나 보니
도구떼 같은 이자요
삼자나 한 장 들고나 보니
뱃놈의 돛이 삼자요
사자나 한 장 들고나 보니
선비 같은 사자요
오자나 한 장 들고나 보니
각시 대가리 같은 오자요
육자나 한 장 들고나 보니
범나비수염 같은 육자요

4과장

양반

큰양반이 아들 셋을 데리고 춤을 추며 노는데 하인 말뚝이가 나타나더니

"안동 박골, 자하골, 먹자골, 주자골
두루두루 다 찾아도 새안님이 없었기에
기어이 찾으려고 일경산, 이원산, 서울
삼청동을 들어가도 새안님이 없었기에
기어이 찾으려고 미나리깡 뒷골목
둘째 집에 들어가니께네
돼지 막 위에서 새안님이 죽을 먹느라고
훌쩍훌쩍합디다."

문안을 하는 척 에둘러 양반들을 욕하고, 말채찍을 휘두르면서 돼지 모는 시늉까지 하지. 양반들은 화를 버럭 내다가도 말꼬리를 돌리며 딴전을 부리는 말뚝이 말솜씨에 넘어가서는, 또 금방 시시덕거리며 집안 자랑을 늘어놓는 거야. 그 꼴을 지켜보던 말뚝이는

"새안님* 아니 보니 반갑더니
보니 징글징글합디다."

한 마디 던지고는 춤추고 들어가 버려.

* 새안님 : 생원님.

5과장

중

길 가던 늙은 중이 양반의 첩인 서울애기를 보고 한눈에 반했어. 은가락지로 서울애기를 꼬여서 등에 업고 줄행랑쳤다가 얼마 못 가서 양반네 하인 말뚝이한테 붙잡혀 왔지. 양반한테 한바탕 혼쭐난 중은 절로 돌아갈 생각을 하지만 노자 한 푼이 없구나. 꽹과리를 들고 구경꾼 앞에 나서 동냥을 하다가, 자기 처지가 서럽고 창피한 생각이 들었는지 그만 갓이며 염주며 중 옷을 벗어 던지기 시작하는 거야. 불도고 신분이고 다 내동댕이치고 속인이 되고자 하네.

중 노릇을 파하자 중 노릇을 파하자
썼던 굴갓을 훨훨 벗어
시내 강변에 내던지고
손에 든 목탁을 캉캉 깨어
되는대로 내던지니
짱종그랭이 좋을시고
목에 걸었던 염주도 뜯어서
되는대로 내던지니
콩 줍기가 좋을시고

6과장

할미 영감

마당쇠는 할미의 아들이야. 조금은 바보 같고 까불거리지만 늙은 어머니 시중은 잘 드는 착한 아들이지. 서울 가서 소식이 없는 영감을 기다리며 어렵게 살아가는 할미 앞에 영감이 서울애기를 데리고 나타나.

할미가 서울애기를 구박하자 영감은 괜한 트집으로 살림살이를 때려 부수다가 조상 단지를 깨뜨리고 말아. 그 바람에 그만 동티가 나서 쓰러졌지. 봉사를 불러 경을 읽히고 대잡이를 불러 귀신을 쫓아 보지만 아무 소용이 없어.

할미는 무당을 불러 오구굿을 해. 넋이나마 좋은 곳으로 가도록 정성을 다해 빌어 주지.

통영오광대 이야기

통영오광대는 경상남도 통영 지역에서 놀던 탈춤이야. 통영은 섬과 바다와 땅이 어우러져 빼어나게 멋진 풍경을 뽐내는 항구 도시야. 여기서 어떻게 오광대를 놀게 되었는지에 대해서는 이런저런 얘기들이 많은데, 조선 말기인 1900년 무렵에 이화선이라는 사람이 큰 역할을 했다고들 해. 이화선이 초계 밤마리 대광대패한테서 오광대를 직접 배워 왔다고도 하고, 창원에 살 때 밤마리에서 오광대를 배워 온 이군찬이라는 사람과 함께 놀았는데 통영으로 이사 오면서 이 창원오광대를 전했다고도 하지.

오광대를 처음 논 사람들은 조선 중기에 여기저기 떠돌면서 사람들한테 재주를 보여 주고 돈을 벌던 합천 초계 밤마리 장터의 대광대패야. 낙동강 홍수 때 마을에 큰 궤가 하나 떠내려왔는데, 그 속에 탈 다섯 개와 광대 옷이 들어 있어 오광대를 놀기 시작했다고 해. 대광대패는 줄타기, 장대타기, 죽방울 받기 같은 재주를 보이면서 오광대를 함께 놀았어. 그런데 이들이 경상도의 여러 장터를 돌다 보니 자연스레 오광대가 퍼져 나가고, 고장에 따라 놀이 구성이나 내용이 조금씩 달라지면서 저마다 고유한 놀이로 발전하게 된 거야.

낙동강 서쪽 지역에서 가장 먼저 오광대가 뿌리내린 곳은 창원이었어. 창원은 조선 태종 때 이미 창원부가 설치된 큰 고을이었고, 서부 경남 문화의 중심지였지. 그러다 보니 밤마리 대광대패 공연도 자주 있었는데 그것을 보고 배워 창원오광대가 생기고, 이 창원오광대가 뱃길을 따라 가까운 통영, 고성 지방으로 차차 퍼져 나갔어.

물론 통영에도 토박이 탈놀이는 있어 왔어. 섣달 그믐께면 통제사에서 수군에 배치된 악공들을 동원해 나쁜 귀신을 쫓는 매귀굿을 한 다음, 백성들이 사는 집을 돌면서 매귀굿을 해 주었지. 하지만 오늘날과 같은 놀이 모습을 갖추게 된 것은 조선 말기인 19세기 말 무렵에 창원오광대가 들어오면서부터라고 볼 수 있어.

초기의 통영오광대는 정월 대보름마다 모여서 한 해 동안 나쁜 일 없이 모두가 평안하기를 비는 의식에 가까웠어. 탈에 고사를 지내기도 하고, 날이 가물 때 비를 내려 달라고 하늘에 비는 뜻으로 놀기도 했거든. 그런데 시간이 지나면서 이런 역할은 차츰 약해졌어. 봄놀이나 단풍놀이 때마다 바가지로 만든 탈을 쓴 광대들과 어울려 한바탕 즐기는 놀이로 바뀌었지. 너른 잔디밭이나 바닷가 모래밭에 모여 놀이패, 구경꾼 할 것 없이 꽹과리, 장구, 징, 북 같은 풍물 악기로 굿거리장단을 넣고 그 장단에 덧뵈기춤을 추면서 놀았던 거야.

음력 사월 초에 노는 봄놀이 때는 먼저 사또놀이를 한 뒤에 오광대를 시작했어. 사또놀이가 뭐냐고? 마을 사람들 가운데 정직하고 힘센 사람을 뽑아 그날 하루 사또 역할을 맡기는 속 시원한 놀이야. 사또가 된 사람은 진짜 사또처럼 호위를 받으면서 마을 안을 돌다가, 못된 짓을 많이 한 사람을 끌어내 곤장을 때리거나 곡식을 빼앗았지. 그래서 찔리는 게 많은 양반들은 집을 비우거나 숨어 버리기 일쑤였다니, 참 우습지?

통영오광대는 문둥탈, 풍자탈, 영노탈, 농창탈, 포수탈, 이렇게 다섯 과장으로 이루어져 있어. 과장끼리 이야기가 이어지는 게 아니라 저마다 독립된 이야기로 끌어가는데, 다른 오광대보다 대사가 많고 내용도 꾸밈없이 날카로운 편이야. 첫 과장부터 신분이 높은 양반을 가장 비참한 존재로 생각했던 문둥이로 만드는가 하면, 풍자탈 과장에서는 양반들을 하나같이 타고난 병신으로 만들어 자기 집 하인인 말뚝이한테 큰 봉변을 당하게 하지. 그뿐이면 다행이게. 영노탈 과장에서는 양반 백 명을 잡아먹고 하늘로 올라가려는 짐승인 영노 앞에서 쩔쩔매다가 잡아먹히는 신세로 만들어 놓는 거야. 이처럼 통영오광대는 조선 후기의 계급 차별과 양반의 횡포에 대한 비판을 강하면서도 재치 있게 풀어내는 놀이였어.

통영오광대 [중요무형문화재 제6호]

1과장 **문둥탈** 느린 굿거리장단에 맞추어 문둥이가 춤을 추면서 나온다. 오그라진 손으로 소고를 두드리다가 양반의 자손으로 태어났지만 조상의 죄가 커서 몹쓸 병에 걸려 처량하게 떠도는 자기 신세를 넋두리로 풀어 놓는다.

2과장 **풍자탈** 일곱 양반과 말뚝이가 나와 둘러선 다음, 양반들이 말뚝이한테 인사를 시킨다. 말뚝이가 대들자 양반들은 호통을 치고 팔선녀와 춤추며 논다. 그것을 본 말뚝이는 양반들이 근본 없는 가짜 양반이라며 잘못된 점을 하나하나 꼬집는다. 결국 양반들은 자기 잘못을 인정하고 말뚝이한테 용서를 빈다.

3과장 **영노탈** 양반이 춤을 추면서 나오면 영노가 "비비, 비비" 소리를 내면서 뒤따라 나온다. 양반이 하는 말마다 영노가 따라 하면서 양반을 잡아먹으려 하면, 양반은 자기가 양반이 아니라고 잡아뗀다. 그래도 통하지 않자 더 맛있는 걸 주겠다고 꾀지만, 영노는 끝까지 양반과 말씨름을 하다가 마침내 양반을 잡아먹는다.

4과장 **농창탈** 중과 어울려 춤추며 노는 제자각시를 보고 반한 할미양반은 중을 쫓아내고 제자각시와 살림을 차린다. 할미양반은 장에 간다고 잠시 집을 비우고, 제자각시는 동네 남자들을 불러들여 춤추며 논다. 할미가 집 나간 영감을 찾아오고 제자각시는 영감의 아이를 낳는다. 할미가 아이를 안고 어르자 샘이 난 제자각시는 할미를 넘어뜨려 죽이고, 할미는 상여에 실려 나간다.

5과장 **포수탈** 사자와 담보가 춤을 추면서 나온다. 둘이 서로 싸우다가 사자가 담보를 잡아먹으면 포수가 나와 그 모습을 보고 사자를 총으로 쏘아 잡는다. 사자를 잡은 기쁨에 덩실덩실 춤을 춘 포수는 사자 길이를 재 보며 흐뭇해한다.

원양반
차양반
비틀양반
곰보양반
검정양반
홍백양반
조리중
말뚝이
몽돌이
할미양반
할미
문둥이
제자각시
영노

1 과장

문둥탈

옛날 경상도 지방에는 문둥이가 많았어. 문둥이들은 추위에 약했기 때문에 따뜻한 남쪽 바닷가 마을을 떠돌며 살았지. 오죽하면 '경상도 문둥이'란 말이 생겼을까? 그래서인지 경상도 지방 탈춤에는 문둥이가 거의 빠짐없이 나와.

눈썹이 빠지고 살점이 문드러지는 문둥병은 가족한테서도 버림받을 만큼 하늘이 내린 무서운 병으로 여겼어. 못된 짓을 많이 한 조상 탓에 양반인 그 자손이 문둥이가 되었다는 첫 과장의 내용은 양반에 대한 깊은 원한을 잘 보여 주고 있어.

"아이고 여보소. 이내 한 말 들어 보소!
삼대 할아버지, 삼대 조모님, 그 지체 쓸쓸한 울 아버지, 울 엄마.*
인간의 죄를 얼마나 지었건대 몹쓸 병이 자손에게 미쳐서
이 모양 이 꼴이 되었을까? 아버지야 엄마야 괴롭구나.
이 모양 이 꼴이 됐으니 양반인들 뭣하며 재산인들 쓸데 있나.
이 모든 것 다 벗어나 살아생전에 마음대로 놀다가 죽을라네.
희망 하나 없는 내 신세야."

문둥이는 조상을 원망하는 넋두리를 하면서 절망스런 몸짓으로 느릿느릿 춤을 추기 시작해. 점점 흥이 실리면서 가슴을 활짝 펴고 힘차게 소고를 두드리며 춤사위를 펼치는데, 이 신명 나는 소고춤 한 판으로 춤을 추는 문둥이도 구경꾼도 모두 가슴에 맺힌 설움과 절망, 그리고 미움까지 시원하게 다 풀어 버리지.

* 쓸쓸한 : 허망한. 어이없고 허무한.

2과장

풍자탈

2과장

풍자탈

첫째 양반 원양반

둘째 양반 차양반

셋째 양반 홍백양반

넷째 양반 검정양반

다섯째 양반 곰보양반

여섯째 양반 비뚤양반

일곱째 양반 조리중

이렇게 일곱 양반이 한바탕 춤추며 놀다가 심심풀이 삼아 말장난이나 하자고 말뚝이를 불러내. 양반들 짓거리에 심사가 틀어진 말뚝이는 문안드리는 척하며

"문안 아홉 가지, 평안 아홉 가지, 이구십팔 열여덟 가지 문안을 잘 받아야지 만약 문안을 잘못 받으면 양반놈들 쎄*를 쑥 빼리로다."

은근슬쩍 욕을 해 대니 양반들이 어디 가만있나? 상놈이 감히 양반을 모욕한다고 호통을 치지. 말뚝이는 하인이지만 양반의 배나 됨직한 커다란 탈을 쓰고 채찍을 휘두르는 힘찬 몸놀림이 당당하기 그지없어. 이놈, 저놈 하고 막말을 해 대는 양반들과 맞서 양반들의 집안 내력을 하나하나 까발리는데,

얼굴 반쪽은 붉고 반쪽은 흰 홍백양반

비뚤어진 얼굴에 몸까지 온통 뒤틀어진 비뚤양반

온몸이 먹처럼 시커먼 검정양반

얼굴이 박박 얽은 곰보양반

온전한 중도 못 되는 조리중양반

조상들의 잘못된 행실 때문에 제각기 허물을 지니고 태어났으니 어찌 근본이 양반이라 할 수 있으며, 첩을 여덟씩이나 거느리고 양반다운 행실을 못하는 양반 또한 어찌 양반이라 할 수 있겠느냐고 꾸짖어. 기죽은 양반들이 그럼 네 근본은 어떠냐 물으니 말뚝이가 화려한 근본을 읊기 시작하네. 자기야말로 조상이 정일품까지 지낸 근본 있는 집안 출신이라며 잘못을 뉘우치지 않으면 능지처참하겠노라고 호통까지 치는구나.

아뿔싸! 그제야 양반들은 말뚝이한테 생원님, 생원님 하면서 살려 달라 애걸복걸하기 시작해. 말뚝이는 양반들을 용서하고 이제부터는 농사나 지으면서 서민들을 돕고 살라며 돌려보내지. 이런 양반들의 가련한 모습은 조선 말기 무너져 가는 양반 사회의 권위와 질서를 보여 주고 있어.

* 쎄 : '혀' 를 뜻하는 경상도 사투리.

3과장

영노탈

비비양반이 혼자 신나게 춤추며 놀고 있는데, 갑자기 온몸에 비늘무늬가 있는 괴물이 나타났네. 양반이 누구냐 물으니 하늘에서 내려온 영노라고 대답을 해. 땅에 사는 양반들의 행실이 나빠 잡아먹으러 내려왔는데, 양반 아흔아홉을 잡아먹었으니 하나만 더 먹으면 하늘로 올라간다는 거야.

이제 영락없이 잡아먹히게 생겼으니, 늘 양반입네 하던 양반이 내가 언제 양반이랬느냐 딱 시치미를 떼는 꼴 좀 봐.

비비양반 나 양반이 아니다.

영노 도포를 보니까 양반이다.

비비양반 도포를 보니까 양반이야?

영노 암!

비비양반 나 그럼 도포를 벗을란다.

영노 벗어도 양반이다.

비비양반 벗어도 양반이라?

영노 오냐!

그렇게 양반이라 으스대던 사람이 구차한 변명을 하다 하다 안 되니 양반 옷도 양반 신분도 헌신짝처럼 내던지면서 목숨을 구걸하네. 결국은 영노한테 쫓기다가 보기 좋게 잡아먹히고 말지.

4과장

노장탈

집을 나와 떠돌던 할미양반은 상좌들과 춤추며 노는 제자각시를 보고 첫눈에 반해 살림을 차렸어. 행실 나쁜 제자각시는 영감이 집만 비우면 동네 남자들을 다 불러들여 춤추며 놀고, 할미는 물어물어 영감을 찾아오지.

때마침 제자각시가 아들을 낳았어. 할미양반은 기뻐서 노래를 부르며 아이를 어르고 할미도 한번 안아 보았지. 제자각시가 달려들어 아이를 뺏으려고 몸싸움을 벌이다 할미를 떠밀고, 쓰러진 할미는 그만 숨을 거두고 말아.

명정공포 운아삽은 요령소리가 처량하네
어화넘 어화넘차 에나리넘차 어화넘
명사십리 해당화야 꽃이 진다고 설워 마라
명년 삼월 돌아오면 그 꽃이 다시 피느니라
북망산이 멀다더니 저 건너 저 산이 북망산이라
어화넘 어화넘차 에나리넘차 어화넘
어화넘차 에나리넘차

한평생 고생만 하던 불쌍한 할미는 꽃상여에 실려 한 많은 세상을 떠나지.

5과장

포수탈

흥겨운 굿거리장단에 맞추어 범처럼 생긴 짐승이 춤추며 나오는데, 바로 담보* 야. 담보가 놀이마당을 돌면서 한창 흥겹게 춤추고 있는데, 어디선가 사자가 나타나. 둘이 서로 으스대는 듯 춤 대결을 펼치다가 갑자기 사자가 담보를 잡아먹어 버려. 담보를 먹고 더욱 기세등등하게 춤추는 사자 앞에 어디선가 포수가 총을 들고 나타나네. 사자 둘레를 돌면서 춤추던 포수는 총을 쏘아 사자를 단방에 쓰러뜨려.

"잡았다! 크다! 한번 밟아 보자!
열! 스물! 서른!…… 삼천칠백일흔닷 발이로구나."

잡은 사자의 크기를 재 본 포수는 흐뭇한 마음에 한바탕 춤을 추다가 들어가지.

이 과장은 다른 과장의 이야기하고는 아무 관련이 없이 다른 탈춤에 나오는 사자무 과장처럼 나쁜 기운을 쫓고 복을 비는 뜻을 담고 있어. 사자라는 동물은 본디 우리나라에 살지 않았지만, 불교와 함께 우리 역사 속으로 들어오면서 나쁜 것을 물리치는 이로운 존재로 여겨졌지. 사람들은 동물의 왕인 사자가 등장하는 것만으로도 벽사 진경*의 역할을 한다고 믿었거든.

한편으로는 아무리 힘센 사자라 할지라도 그보다 더 무서운 것이 있듯이, 힘 있는 양반들도 약한 서민들을 괴롭히고 못살게 굴다가는 언젠가 벌을 받을 수 있다는 것을 일깨우는 이야기라고도 해.

* 담보 : '담비'의 경상도 사투리. "범 잡아먹는 담비가 있다."는 속담에서 비롯한 상상의 동물로 옛날 사람들은 범보다 무서운 동물로 여겼다.
* 벽사 진경(辟邪進慶) : 사악한 것을 쫓고 경사를 끌어들이는 일.

고성오광대 이야기

고성오광대는 경상남도 고성 지역에서 전해 내려오는 탈춤이야. 고성은 문화가 크게 발달했던 옛 소가야의 중심지로 넓은 들판이 있고 물고기도 많이 잡혀서 경제 사정도 넉넉한 편이었어. 이렇게 두루 좋은 조건은 고성오광대를 꽃피우는 바탕이 되었지.

조선 말 무렵, 고성에 살던 선비들은 크게 두 갈래로 나뉘었어. 재산이 넉넉하고 양반 문화를 즐기던 북촌파와, 서민층에 더 가까웠던 남촌파였지. 이 가운데 남촌파 선비들은 민중 놀이를 즐겼어. 조선 말기 어느 해 고성에 전염병이 크게 돌 때 이들은 가까이 있는 무이산 문수암으로 한동안 피해 가 지냈는데, 이때 시조나 노래를 하고 오광대를 놀면서 시간을 보냈대. 고성오광대가 널리 퍼지기 시작한 것도 그때부터라고 하지.

조선 시대에는 주로 정월 대보름날 오광대를 놀았어. 놀이패는 음악과 춤에 재주가 있고 놀기 좋아하는 서민들로 이루어졌는데, 그 가운데서도 나이가 가장 많은 사람이 놀이를 이끌었지. 오광대를 놀려고 만든 모임인 일심계에서는 정월 초가 되면 풍물패를 이끌고 읍내에 있는 집과 상점들을 돌면서 걸립을 해 오광대를 노는 데 쓸 돈을 마련했대.

보름날 해가 기울 무렵이면 놀이패가 풍물을 울리며 읍내를 한 바퀴 돌면서 놀이가 시작되는데, 이 놀이가 밤새도록 이어져. 놀이마당은 특별할 게 없어. 장터에 있는 넓은 마당에 놀이패, 악기 연주자, 구경꾼들이 둥그렇게 둘러서서 자유롭게 놀았지. 저녁이 되어 춥고 어두워지면 놀이마당 가장자리에 사람 키보다 더 높게 장작을 쌓아 모닥불을 피우거나, 둘레 군데군데에 횃불을 밝히기도 했어. 이렇게 대보름에 놀던 고성오광대는 시간이 지나면서 봄철이나 농사가 한가한 틈을 타서 놀기도 했다고 해.

고성오광대는 대사보다는 춤에 무게를 두고 춤으로 즐기는 놀이야. 과장마다 나오는 광대들이 모두 함께 어울려 춤을 추는 장면이 자주 있는데, 굿거리장단에 맞춰 광대들이 덧뵈기춤을 추면 구경꾼들도 덩달아 신이 나서 한 과장 한 과장이 끝날 때마다 춤판에 뛰어들어 광대들과 어울려 춤을 추었어. 덧뵈기춤은 몸을 어느 한쪽으로 힘껏 던졌다가 풀어 주는 몸짓인 배김새가 특징인데, 경남 지방에서는 사람들이 흥에 겨워 제멋대로 추는 막춤을 통틀어

덧뵈기춤이라고 하기도 했지. 초기에는 태평소, 소고 들을 같이 썼지만 지금은 소박하게 북, 장구, 꽹과리, 징으로 이루어진 사물만을 쓰고 있어. 노랫말은 본디 있던 것을 재치 있게 또는 풍자적으로 고쳐 부르는 것이 많고, 같은 말을 몇 번씩 거듭하면서 재미를 더해 주지.

고성오광대는 문둥북춤부터 시작해서 오광대놀이, 비비과장, 승무과장, 제밀주과장, 이렇게 다섯 과장으로 이루어져 있어. 과장들이 하나의 줄거리로 이어지지 않고 제각기 다른 주제를 나타내는 것은 다른 오광대와 비슷하지만, 오방신장무나 사자춤이 따로 없는 것이 고성오광대의 특징이야. 벽사 진경 같은 신성한 의식의 뜻은 거의 없고 한바탕 춤추며 노는 신명 나는 놀이였기 때문이지. 놀이에 쓰는 탈은 모두 열아홉 개인데 초기에는 나무탈을 쓰다가 지금은 종이탈과 나무탈을 함께 쓰고 있어.

고성오광대는 조선 말기에 바뀌어 가는 시대 모습을 아주 잘 담고 있어. 그 무렵에는 다른 나라의 침략이 잦아서 왕권과 지배 계급이 무너져 가고 있었어. 이미 힘이 약해진 양반을 적으로 여겨 대들고 비꼬기보다는 오히려 우리 민족끼리 서로 보듬고 뭉치는 일이 더 급한 때였지. 역사가 조금 앞선 통영오광대에서는 괴물 영노가 양반을 잡아먹지만, 고성오광대에서는 비비가 양반과 화해하는 모습을 보이는 것도 그런 까닭일 거야.

이처럼 조화를 좇는 흐름은 문둥북춤 과장에서도 잘 나타나. 죄 없이 장애를 갖게 된 문둥이가 세상을 마냥 원망하기보다는 아무 말 없이 신명 나는 춤으로 한을 풀고 힘껏 살아 보려는 의지를 다지거든.

고성오광대 [중요무형문화재 제7호]

1과장 **문둥북춤** 머리에 누런 패랭이를 쓰고 여기저기 기운 옷을 입은 문둥광대가 춤을 추면서 나온다. 처음에는 문둥이로 사는 슬픔을 뒤트는 몸짓으로 보여 주다가 갈수록 힘찬 춤사위로 슬픔을 이겨 낸다. 소고를 몸의 한 부분처럼 자유롭게 다루면서 춤을 춘다.

2과장 **오광대놀이** 오방신장 양반과 홍백양반, 종가도령이 차례로 나와 춤추며 놀다가 말뚝이를 부른다. 말뚝이는 자기를 함부로 대하는 양반들이 아니꼬워서 자기가 곧 양반의 근본이라 밝히며 대든다. 그러자 양반도 자랑하듯 집안 근본을 풀어 놓는데, 그 내용이 하나같이 스스로를 깎아내리는 것이다.

3과장 **비비과장** 비비가 양반 앞에 나타나서 잡아먹으려 하자 양반은 비비가 못 먹을 만한 것들을 들먹이고, 그래도 통하지 않자 자기가 비비의 고조할아버지라고 한다. 비비는 할아버지는 못 먹는다 하고, 겨우 목숨을 구한 양반은 비비와 어울려 춤을 춘다. 양반과 비비가 주고받는 대사를 중심으로 재미있게 이끌어 간다.

4과장 **승무과장** 제자각시 둘이 교태를 부리면서 춤추며 논다. 중이 그 모습을 보고 반해 다가가고, 마침내 제자각시 둘과 어울려 춤추다 양쪽 어깨에 끼고 들어간다. 기생의 유혹에 빠져 타락하는 파계승의 모습을 춤으로 나타낸다.

5과장 **제밀주과장** 집 나간 영감을 찾아다니던 큰어미가 젊은 첩을 얻어 살고 있는 영감을 만난다. 첩인 작은어미가 영감의 아이를 낳자, 큰어미와 작은어미는 아이를 서로 차지하려고 실랑이를 벌이다가 실수로 아이를 떨어뜨려 죽게 한다. 작은어미가 큰어미한테 달려들어 차고 때리니 큰어미도 쓰러져 죽고 만다. 상여꾼들이 나와 큰어미를 상여에 싣고 상엿소리를 하며 나간다.

서방백제양반

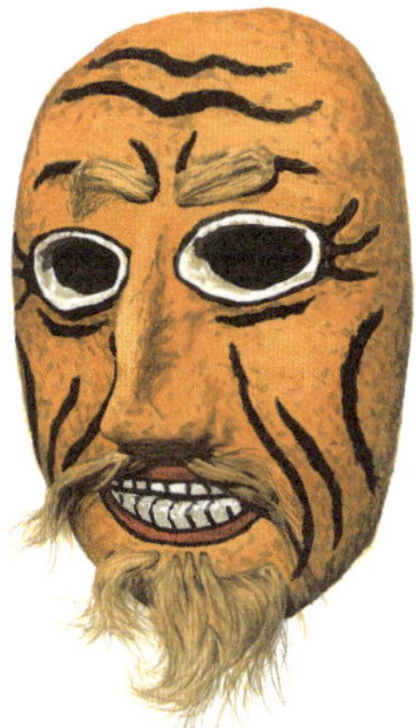

중앙황제양반

북방흑제양반

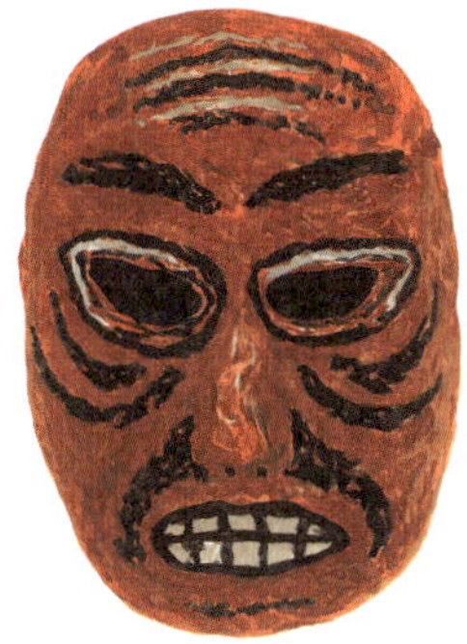

남방적제양반

도령

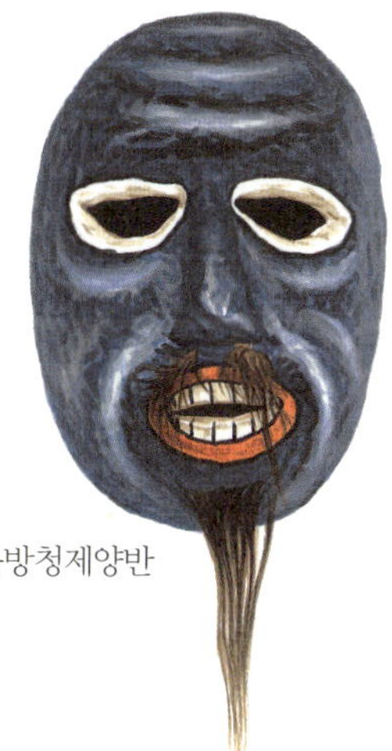

동방청제양반

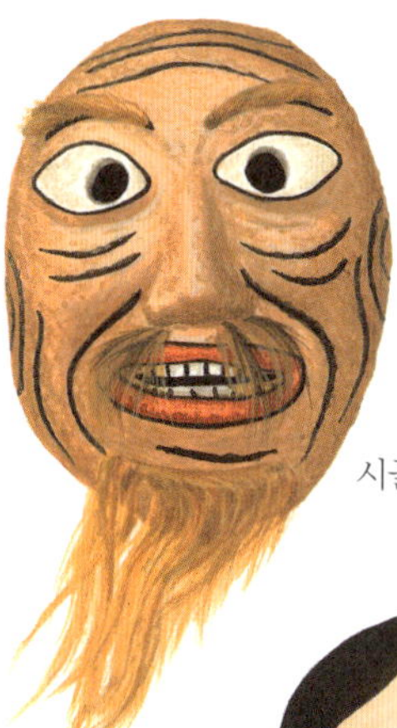

시골영감

큰어미

작은어미(제밀주)

제자각시

비비

1 과장

문둥북춤

고성오광대도 통영오광대처럼 문둥광대 하나가 나와 춤을 추면서 시작돼. 울퉁불퉁 흉하게 일그러진 얼굴에 여기저기 기운 누더기 옷을 입고 머리에는 누런 패랭이를 썼어. 통영오광대에서는 문둥이가 춤을 추다가 신세타령을 곁들이지만, 고성오광대에서는 대사 없이 춤으로만 한 과장을 이끌어 가지. 춤사위만으로 모든 것을 이야기해야 하기 때문에 춤 실력이 가장 뛰어난 사람이 문둥이 역할을 맡는대.

소고와 소고 채를 한몸처럼 다루며 추는 문둥이 춤사위는 고성오광대에 나오는 여러 춤 가운데서도 으뜸으로 꼽아. 굿거리장단에 맞추어 농사를 짓고, 파리를 잡아먹고, 코를 푸는 모습 따위를 춤으로 보여 주는데, 그 모습이 우스꽝스러우면서도 몹쓸 병을 앓는 몸과 마음의 고통으로부터 벗어나려는 몸부림 같아 측은하기도 해. 아무리 벗어나려고 애를 써도 어쩔 수 없는 한계에 닿은 듯이 말이야.

그런데 문둥이는 그대로 포기하지 않아. 오히려 시간이 갈수록 춤에 흥이 들어가는 거야. 손이 오그라진 탓에 잘 잡히지 않는 소고와 채를 기어이 쥐고 소고춤을 추는데, 몸을 벌벌 떨던 처음 모습은 사라지고 소고를 제 몸처럼 자유롭게 다루기 시작해. 엇박자에 몸을 실은 채 마치 모든 고통을 이겨 내고 새로운 희망을 찾은 듯 크고 힘차게 춤을 추면서 첫 과장을 마무리하지.

2과장 오광대놀이

일곱 양반이 춤을 추고 있는데 말뚝이가 들어와 함께 덧뵈기춤을 추면서 어울려.

3과장

비비과장

양반들과 말뚝이가 춤추며 노는 곳에 괴물 비비가 나타나자, 다들 깜짝 놀라 도망치고 양반 하나만 남게 되었어. 무엇이든 잡아먹는 비비가 다가오자 양반은 하늘, 땅, 바다에 사는, 비비가 못 먹을 만한 온갖 것의 이름을 다 대며 목숨을 구걸해. 하지만 비비는 뭐든 다 잘 먹을 수 있다면서 양반을 당황스럽게 하지. 그럼 양반은 혹시 무서워할까 해서 자기가 양반이라고 큰소리쳤더니 그조차도 잘 먹는다네. 웬만한 핑계는 다 대 봤으니 이제 비비한테서 벗어날 길은 없고 낭패가 났거든. 옳지! 속으론 겁이 났지만 짐짓 다시 한번 큰소리쳐 보는데,

양반 그럼 이놈, 네가 기어이 나를 잡아먹으려 드니
네 이놈의 자식아, 내가 네 고조할아버지다. 이놈의 자식아!
비비 그거는 못 먹지.
양반 이젠 살았다.

이게 웬 횡재야? 아무리 비비라도 제 조상까지 잡아먹을 수는 없었나 봐. 고조할아버지라는 양반의 말에 비비는 순순히 포기를 했어. 비굴한 거짓말 하나로 다 죽을 뻔하다가 살아난 양반은 창피한 줄도 모르고 기뻐서 덩실덩실 춤을 추지.

다른 탈춤에 나오는 비비들이 기어코 양반을 잡아먹는 것과는 달리, 고성오광대에서는 괴물인 비비가 조상을 받들어 욕심을 접고, 양반과 화해하는 모습을 보여 주는 게 특징이야.

4과장

승무과장

양반과 비비가 들어가고 나면 화려한 옷을 입은 제자각시 둘이 나와 손을 마주 잡고 빙그르르 돌면서 춤을 추어. 마침 중이 길을 지나다가 이 모습을 보았지. 희고 고운 얼굴에 연지 곤지까지 찍고 아름다운 자태를 뽐내는 각시가 하나도 아니고 둘씩이나 있네. 팔을 살랑살랑, 다리를 사뿐사뿐 움직이는 몸짓이 어서 이리 와서 놀자고 부르는 것 같아. 제아무리 도를 닦는 중이라 해도 그 모습을 보고 어떻게 마음이 설레지 않을 수 있겠어?

머리로는 자기 신분을 생각하지만 각시들 쪽으로 움직이는 몸은 어쩔 수가 없나 봐. 어느새 옆으로 슬그머니 다가오더니 둘을 번갈아 보면서 춤을 추기 시작하네. 처음에는 새침하게 등을 돌리던 각시들도 어느새 중과 마주 보고 어깨를 슬쩍 걸치더니, 나중에는 손을 잡고 돌기까지 해. 굿거리장단에 흥겨운 춤을 추며 둘 사이를 왔다 갔다 하던 중은 마침내 두 제자각시의 손을 하나씩 잡고 들어가지.

이 과장은 대사 한 마디 없이 춤으로만 이루어져. 긴 칡베 장삼을 무거운 듯 천천히 휘두르다 맺고 끊는 춤사위는 파계승의 고뇌와 갈등을 나타내고, 각시들 쪽으로 힘차게 장삼 끝을 흩뿌리는 춤사위는 각시를 보고 설레는 마음을 나타내지. 이런 춤사위가 승무와 닮았다고 해서 이 과장을 승무과장이라고 불러. 조선 말기 불교의 부패를 비판한다고 하지만 다른 탈춤에 비해서는 약한 편이야.

제자각시는 제대각시, 제밀주, 제밀집이라고도 한다. 다른 탈춤에서는 제자각시가 영감의 첩으로 나오지만, 고성오광대에서는 파계승을 꾀어내는 기생으로 나온다.

5과장

제밀주 과장

집 나간 영감을 찾아 밤낮없이 헤매던 큰어미가 시름을 달래려고 물레 노래를 부르면서 물레질을 해. 쉬지 않고 도는 물레는 큰어미가 평생 동안 고단한 삶에서 벗어나지 못하고 있음을 보여 주는 거야.

집 나갔던 영감이 데리고 온 첩 작은어미가 보란 듯이 아들을 낳았어. 서로 아이를 차지하려고 다투던 큰어미와 작은어미는 그만 아이를 떨어뜨려 죽이고 말아. 화가 난 작은어미가 큰어미를 차고 떠미니 큰어미도 쓰러져 죽고 말지.

들놀음

낙동강 동쪽 지역인 부산 지방 사람들이 정월 대보름에 세시 놀이로 즐기던 탈춤이다. 길놀이 춤놀이 탈놀이 뒤풀이로 이어지는 마을 축제의 한 부분으로 여러 대에 걸쳐 토박이들이 놀이를 이끌어 왔다.

수영야류
동래야류

수영야류 이야기

들놀음은 부산 지방에서 놀아 온 민속놀이야. 이곳에서는 탈놀이를 하기에 앞서 줄다리기나 길놀이, 그리고 모두가 함께 춤추고 노는 춤놀이를 했어. 탈놀이를 끝낸 다음에도 광대와 구경꾼, 악사 할 것 없이 모두가 어울려 춤을 추고 놀았지. 이렇게 놀이마당에서 하는 탈놀이와 그 앞뒤로 노는 모든 놀이를 하나로 묶어 들놀음이라고 불러 왔어.

들놀음은 글자 그대로 보면 들에서 노는 놀이라고 생각하기 쉽지만 알고 보면 그렇지 않아. 들놀음을 노는 수영이나 동래 지방에서는 마을에서 조금 떨어진 들이나 다리가 있는 강가에서 길놀이를 시작해 마을 안에 있는 장터나 너른 마당으로 와서 춤놀이와 탈놀이를 벌이거든. 그러니 농사를 짓는 터전인 들은 놀이의 출발점이 되는 셈이지. 이런 뜻에서 들놀음이라고 부르게 되었다고 해.

낙동강을 기준으로 동쪽 지역에서 내려오는 들놀음은 합천 초계 밤마리 대광대패로부터 배워 왔다고 해. 지금으로 말하면 직업 연예인이라고 할 수 있는 이 무리들은 창원, 마산, 수영 같은 다른 지역으로까지 공연을 다닐 만큼 인기가 높았대. 이들이 경상도 지방을 여기저기 휩쓸고 다니다 보니 그 영향을 받아 서쪽에서 오광대가 생겨난 것처럼 동쪽에는 들놀음이 생겨난 거야. 수영야류가 먼저 생기고 그것을 본받아 동래야류가 생겼지.

수영 지역은 장산과 황령산이 북쪽을 막아 주고, 그 사이로 수영강이 흐르면서 수영평야를 이루고 있어. 수영평야가 기름질 뿐만 아니라 바닷물과 민물이 만나는 수영만 덕분에 농업은 물론 수산업도 함께 발달했지. 이렇게 좋은 자연조건 속에서 사람들이 농사를 지어 왔으니, 자연히 풍년을 비는 의식과 함께 들놀음 같은 놀이를 만들어 즐길 수 있었던 거야.

수영야류 놀이패들은 그 지역에서 춤과 노래를 가장 잘하고 즐길 줄 아는 토박이들이었어. 능력을 타고났다기보다는 생활이 여유로워 풍류를 즐길 수 있었던 상민이나 중인 계층이 많았지. 그러니 천민인 떠돌이 대광대패한테 영향을 받았다고는 해도 그 바탕에는 본디 수영 토박이들이 즐겨 오던 탈놀이가 있었다고 보는 편이 자연스러울 거야.

수영야류는 보통 정월 대보름날 놀았어. 정초부터 집집마다 돌며 지신밟기를 해서 놀이에

드는 돈을 마련하는 한편, 신성한 곳에서 탈을 만든 다음, 탈을 모시고 고사를 지내. 보름날 낮에는 마을신을 모시는 서낭당과 큰 우물인 먼물샘에 들러 고사를 지내고, 해가 질 무렵이 되면 손에 손에 등을 들고 마을에서 1킬로쯤 떨어진 먼물샘이나 수영 다리에 모여 길놀이 준비를 해. 보름달이 떠서야 비로소 작은 등을 밝힌 어린이들을 앞세우고 탈춤패, 길군악대, 팔선녀, 사자 들이 노래하고 춤추며 놀이마당으로 가는 거야.

놀이마당 한가운데에는 커다란 장대를 세우고 용등, 봉등, 연화등 같은 크고 작은 등들을 달아 화려하게 불을 밝혔어. 곳곳에 장작불도 피워 놓았지. 길놀이 행렬이 도착하면 놀이패뿐만 아니라 구경꾼들까지 어우러져 덧뵈기춤을 추며 한바탕 춤판을 벌여. 이때, 등불에서 떨어지는 뜨거운 촛농을 맞지 않으려고 사람들은 종이 고깔을 사서 쓰고 놀았대. 밤이 이슥하도록 한바탕 놀고 나서 수양반이 등장하면 양반과장, 영노과장, 할미 영감과장, 사자무과장으로 이루어지는 본격적인 탈놀이가 시작됐지.

수영야류와 동래야류는 크게 길놀이와 춤놀이로 이루어지는 앞부분, 탈놀이로 이루어지는 뒷부분으로 나뉘어. 탈놀이에 앞서 하는 길놀이와 춤놀이에 무게가 많이 실리다 보니 탈놀이는 다른 지방의 탈춤에 비해 노는 시간이 짧고 나오는 인물이 적은 것이 특징이야. 탈은 사자와 범만 대소쿠리에 한지를 발라 만들고 나머지는 바가지로 만들었지.

수영야류는 탈놀이 내용만 보면 오광대와 비슷하지만, 전체 과정을 두루 살피자면 오히려 하회별신굿탈놀이와 비슷한 점이 많아. 마음껏 즐기며 마음에 맺힌 응어리를 푸는 놀이일 뿐만 아니라 마을신한테 농사가 잘되기를 비는 의식이기도 했으니까 말이야.

'들놀음'의 한자어는 '야유(野遊)'이다. 하지만 막상 들놀음을 노는 부산 지방에서는 들놀음을 '야유'라 하지 않고 고집스레 '야류'라는 말을 쓴다. 그런 까닭에 수영과 동래에서 놀던 들놀음이 무형 문화재로 지정될 때 '야류'라는 말을 붙이게 되어 '수영야류', '동래야류'라는 이름이 되었다.

수영야류 [중요무형문화재 제43호]

정월 대보름날 해가 지면 마을 밖 강가나 수영 다리에서부터 동네 한복판에 마련된 놀이마당까지 흥겹고 화려한 길놀이를 펼친다. 200개가 넘는 등을 든 어린이들을 앞장세우고 그 뒤를 풍물패, 길군악대, 팔선녀, 광대 들이 노래하고 춤추면서 따르는데, 구경꾼들도 박수를 치거나 어울려 춤을 추며 함께 행진한다. 놀이마당에 닿으면 모두가 한밤중이 되도록 춤추고 장기 자랑을 하며 놀다가 새벽이 되어서야 탈놀이를 시작한다.

1과장 **양반과장** 양반들이 줄지어 나와 말뚝이를 부르지만 보이지 않자 엉터리 시를 짓고 논다. 다시 말뚝이를 불러 함부로 대하니, 말뚝이는 겉으로는 복종하는 척하면서 양반을 비꼬고 놀린다. 말뚝이가 양반댁 다녀온 얘기를 들은 양반들은 양반집이 망했다고 한숨을 쉬면서 들어간다.

2과장 **영노과장** 양반들이 다 들어가고 수양반만 남았는데, 무엇이든 잡아먹는 괴물 영노가 나타난다. 살아 보려고 갖은 핑계를 대던 양반이 영노한테 무엇이 무서운지 묻고, 영노는 참양반이면 물러간다 한다. 양반은 자기가 곧 참양반이라 큰소리치지만 영노는 냉큼 잡아먹어 버린다.

3과장 **할미 영감과장** 할미가 집 나간 영감을 찾아 놓고 보니 영감은 제대각시랑 놀고 있다. 샘을 내는 할미를 영감은 집과 자식들을 지키지 못한 죄를 들먹이다 발로 차서 죽게 만든다. 의원과 봉사를 불러 애를 써 보아도 효험이 없어 결국 할미를 상여에 싣고 나간다.

4과장 **사자무과장** 사자가 먼저 나와 한바탕 춤을 추고 놀면 범이 춤을 추면서 따라 나온다. 범이 사자한테 다가가 건드리면서 귀찮게 굴자 둘 사이에 싸움이 난다. 서로 잡아먹으려고 으르렁거리다가 사자가 범을 잡아먹는다.

사자무를 끝으로 수영야류의 모든 탈놀이가 끝난다. 놀이패는 구경꾼들과 하나가 되어 남은 흥을 춤으로 푼 다음, 썼던 탈을 모두 모아 불태우면서 나쁜 기운을 쫓고 복을 빈다.

수양반
차양반
셋째양반
넷째양반
종가도령
말뚝이
할미
제대각시
범
사자
영노

길놀이

대보름달이 뜨면 놀이마당까지 알록달록한 등을 밝히고 화려한 길놀이를 펼쳐.

1과장

양반과장

다섯 양반이 모여 춤추며 놀다가 과거를 보러 가기로 해. 과거 채비를 시키려고 아무리 말뚝이를 불러 대도 오지를 않네. 기다리면서 머리를 맞대고 시를 지어 읊고 노래를 부르는데, 그 내용을 듣자 하니 순 엉터리인 거야.

마지못해 나온 말뚝이 좀 봐. 말채찍을 휘두르고 춤을 추면서 양반들을 휘어잡아. 양반들의 나무람에 옛글을 빌려 맞받아치며 마음껏 놀리고 망신을 주지. 결국 양반들은 제각기 살던 곳으로 돌아가 일이나 하자며 뿔뿔이 흩어져.

2과장

영노과장

다른 양반들은 다 돌아가고 수양반 혼자 남아 어깨가 축 늘어져 거닐고 있는데, 어디선가 "비비, 비비" 하고 시끄러운 소리가 들리더니 괴물 영노가 나타났어. 영노가 말하기를, 자기가 양반을 아흔 아홉 잡아먹었는데, 이제 하나만 더 잡아먹으면 하늘로 올라갈 수 있다나? 그러면서 수양반을 잡아먹겠다고 으름장을 놓는 거야. 깜짝 놀란 수양반은 어떻게든 살아 보려고 자기는 양반이 아니라 쇠뭉치라고도 했다가 그림자라고도 둘러대. 그게 안 먹히자 그처럼 자랑하던 양반 신분도 내던지고 양반이 아니라고 발뺌하는 꼴 좀 보게. 그런 양반한테 영노는 만약 참양반*이 나와 호령을 하면 물러가겠다고 하네. 그 말을 듣고 옳다구나! 수양반이 이번엔 의기양양하게 호령을 하지.

"우리 고조할아버지는 영의정이고,
우리 증조할아버지는 이조판서를 지내고,
우리 조부모님은 병조판서를 지냈고, 우리 아버지는 부마도위요,
*나는 한림학사를 지냈으니 나야말로 참양반*이로다.*
이놈 영노야. 썩 물러가라."
"옳지, 그런 양반을 잡아먹어야 득천을 한다."

세상에, 얼마나 살고 싶었으면 얼굴도 본 적이 없는 고조할아버지까지 들먹여 가며 온갖 벼슬자리를 줄줄 읊어 댔을까? 하지만 영노가 정말로 두려워하는 참양반은 그런 양반이 아니었나 봐. 기다렸다는 듯이 냉큼 양반을 잡아먹어 버렸거든.

* 참양반 : 진짜 양반. 양반다운 양반.

3과장

할미 영감과장

초라한 옷을 입고 지팡이를 짚은 할미가 굿거리장단에 맞추어 나오더니 힘없이 털썩 주저앉아. 집 나간 영감을 찾아 전국 방방곡곡을 돌아다녀 봤지만 아무 소득이 없는 거지. "영감요–, 영감요–." 다시 한번 소리 높여 불러 보니 그제야 "할멈인가, 할멈인가." 하는 영감 목소리가 들리네. 어렵게 영감을 찾기는 찾았는데, 제대각시라는 첩을 들여 둘이서 얼씨구나 춤추고 노는 꼴을 보니 할미 속이 편할 리가 있나. 부아가 나서 영감한테 꼬치꼬치 따지고 드니 영감도 할미가 영 귀찮아 죽겠는 거야. 그때, 마침 집에 두고 온 자식 생각이 나거든.

영감 그래, 자식 셋은 다 어쨌노?
할미 큰놈은 나무하러 가서 정자나무 밑에서 자다가 솔방울에 맞아 죽고,
둘째 놈은 앞 도랑에서 미꾸라지 잡다가 물에 빠져 죽고,
셋째 놈은 하도 좋아서 어르다가 놀라서 경기로 청풍에 죽었소.

뭐라꼬? 할미 말을 들은 영감은 잔뜩 화가 났지. 할미가 통곡을 하든 말든 네가 자식 셋을 제대로 건사 못하고 다 죽였다며 할미를 발로 걷어차는데, 어찌나 세게 찼던지 쓰러진 할미가 그만 숨을 거두고 말아. 당황한 영감이 급히 의원을 불러와 침을 맞히고 봉사를 불러 경을 읽히지만, 이미 죽은 사람한테 그런 게 다 무슨 소용인가. 후회해 봤자 부질없는 짓이지. 상여꾼을 불러 할미를 싣고 쓸쓸히 떠나가.

4과장

사자무과장

수영야류의 사자무과장에는 통영오광대처럼 사자와 함께 범처럼 생긴 짐승이 나와. 이 짐승을 수영에서는 범이라고도 하고 담비라고도 하는데, 수영야류의 담비는 범보다 더 무섭고 날랜 모습이야.

응박깽깽 장단에 맞추어 말뚝이가 몸집이 아주 큰 사자 한 마리를 몰고 나와. 사자가 놀이마당을 돌면서 한창 춤을 추고 있으면 뒤따라 담비가 나와 사자를 집적거리며 싸움을 걸지. 이윽고 사자와 담비가 몸싸움을 벌이기 시작해. 춤을 추는 듯 싸우는 듯 서로 겨루다가 결국은 사자가 담비를 잡아먹지. 그러고는 보란 듯이 여유를 부리며 들어가 버려.

다른 탈춤에 나오는 사자들이 거의 친근하고 익살스런 모습인 데 비해 수영야류의 사자는 무섭고도 용맹스런 모습이야. 범보다 무서운 담비를 잡아먹는 사자니 보기만 해도 으스스하겠지. 이런 사자라면 나쁜 귀신을 거뜬히 쫓아내고 마을에 풍년과 복을 가져다줄 거라고 다들 믿었을 법하지 않아?

사자무과장을 끝으로 수영야류 네 과장이 모두 끝나면 놀이패와 구경꾼들이 남은 흥을 실어 한바탕 춤추고 논 다음, 썼던 탈을 불에 태워 없애. 나쁜 기운이 모두 사라지기를 빌면서 말이야.

수영 근처에는 호암이라는 바위가 있어 호랑이가 사람을 해치는 일이 많았는데, 사자탈을 쓰고 놀면 범이 해코지하는 것을 막을 수 있다고 믿어서 사자춤을 추기 시작했다고 한다. 또 수영 동남쪽에 있는 백산이 사자가 마을을 등지고 달아나는 모습을 하고 있어, 그 사자신을 위로하려고 범을 제물로 바치는 것이라는 말도 있다.

동래야류 이야기

동래야류는 부산 동래 지역에서 전해 내려오는 탈춤이야. 초계 밤마리 대광대패의 영향을 받은 수영야류를 따라 생겨났지. 수영야류는 약 260년 전인 1750년대에 생긴 걸로 짐작되는데, 동래야류는 그보다 120년이 더 지난 1870년 무렵부터 놀았다고 하니 야류의 역사는 200년도 훨씬 넘은 것으로 볼 수 있어.

동래야류 역시 음력 정월 초에 풍물패가 집집마다 들러 잡귀를 쫓고 복을 비는 지신밟기를 해 주고 들놀음에 드는 돈을 마련했어. 한편에서는 마을 사람들이 모여 새끼를 꼬아 줄다리기에 쓸 아주 크고 긴 줄을 만들었어. 암줄과 수줄을 이어 당기는 이 줄다리기는 풍년을 비는 뜻을 담아 온 마을 사람들이 함께하는 놀이였지. 줄다리기에서 이긴 쪽은 그해 동래야류를 도맡아 이끌 뿐만 아니라 배역도 마음대로 정할 수 있었대. 일제 강점기에 일본이 우리 민족의 얼을 뿌리 뽑고자 민속놀이나 사람이 많이 모이는 행사를 금지하는 바람에, 줄다리기와 함께 동래야류도 잠시 맥이 끊어졌다가 훗날 다시 시작되었다고 하니 동래에서는 이 줄다리기가 얼마나 크고 뜻깊은 행사였는지 알 만하지?

동래야류는 정월 대보름 즈음해서 놀았지만, 줄다리기를 언제 벌이는지에 따라 조금씩 날짜가 달라지기도 했어. 흔히 음력 13일부터 줄다리기를 시작하고 14일 밤부터 탈놀이를 시작해 보름날 새벽까지 놀았지. 줄다리기를 며칠 늦게 시작하면 탈놀이도 그만큼 늦어졌어. 이처럼 동래야류는 줄다리기와 뗄 수 없는 관계에 있었던 거야.

정월 14일 해질 무렵이 되면 길놀이를 벌이는데, 보기 드물게 크고 화려한 행렬이었어. 먼저 두 장정이 큰 청사초롱을 든 채 앞장서면 십이지 등롱을 든 사람이 그 뒤를 따라. '십이지 등롱' 이란 그해의 동물 모습을 한 등을 말하지. 그때가 용띠 해라면 용 모양의 등을 드는 거야. 그다음으로는 무려 500개가 넘는 오색등이 뒤따랐다니 정말 볼만했겠지?

동래야류는 주로 장터의 넓은 마당이나 마을 가운데 있는 타작마당 들을 놀이마당으로 삼았어. 마당 한가운데 긴 장대를 세우고, 그 꼭대기에는 용등, 봉등, 거북등 같이 동물 모습을 한 큰 등을 여러 개 달았지. 또 거기서부터 사방으로 새끼줄을 늘어뜨려 작은 초롱을 수백 개

매달아서 화려하게 꾸몄어. 놀이마당 곳곳에는 횃불이나 모닥불을 피워 환하게 밝히면서 추위도 막고, 술과 음식도 넉넉히 마련해 두어 누구나 마음대로 먹고 마시게 해서 더욱 흥을 돋우었지. 이렇게 밝고 훈훈한 분위기 가운데 흥겨운 춤판을 벌였는데, 이때는 구경꾼도 자기가 만든 탈을 쓰거나 얼굴에 우스꽝스럽게 먹칠을 하고 뛰어들어 학춤, 꼽추춤, 문둥이춤, 엉덩춤, 구불춤, 홍두깨춤 따위를 제멋대로 추면서 춤 자랑도 하고 노래나 장기 자랑을 하기도 했어. 아무 분장을 하지 않은 사람이라도 남녀노소 누구나 가리지 않고 얼마든지 어울려 놀 수 있었지. 이렇게 제멋대로 춤추던 사람들이 물러나고 밤이 이슥해진 뒤에야 탈놀이를 시작해. 차례로 모든 과장이 끝나고 동틀 무렵이면 놀이꾼과 구경꾼들이 다시 한번 어울려 춤추는 뒤풀이로 끝을 맺었어.

동래야류는 수영야류와 마찬가지로 탈놀이가 문둥이춤, 양반 말뚝이춤, 영노춤, 할미 영감춤, 이렇게 네 과장으로 길이가 짧고 등장하는 탈도 적어. 봉사나 의원처럼 탈 없이 맨얼굴로 등장하는 인물도 여럿이야. 반주도 북, 장구, 꽹과리 같은 소박한 타악기만으로 하고, '응박깽깽' 이라 부르는 굿거리장단과 자진모리장단에 맞추어 꾸밈새 없는 막춤인 덧뵈기춤을 추지.

동래야류 [중요무형문화재 제18호]

대보름날 해 질 녘에 동래야류를 놀기에 앞서 길놀이를 한다. 깃발을 앞세우고 풍물패와 놀이패가 행진을 하면 그 뒤를 구경꾼들이 따른다. 오색등, 용등, 학등, 거북등, 무지개등 같은 화려한 등불을 수백 개 밝힌 채 놀이마당에 도착하면, 온 마을 사람들이 어울려 한바탕 춤판을 벌이면서 흥을 돋운다.

1과장 **문둥이춤** 문둥이 둘이 소고와 소고 채를 든 채 두 팔로 얼굴을 가리고 나온다. 장단에 맞추어 팔을 내린 다음, 굽은 손으로 소고를 치면서 놀기 시작한다. 마주 보고 춤을 추다가 자빠지기도 하고 둘이 누워 뒹굴기도 하면서 우스꽝스러운 모습을 보여 준다.

2과장 **양반 말뚝이춤** 다섯 양반과 말뚝이가 덧뵈기춤을 추면서 나온다. 양반들이 말뚝이한테 함부로 대하자, 말뚝이도 은근슬쩍 양반들 흉을 보면서 비꼬다가 양반들이 다시 물으면 잡아뗀다. 양반들은 말뚝이 장난에 속는 줄도 모르고 좋다고 춤을 추고 논다.

3과장 **영노춤** 비비양반이 장단에 맞추어 돌아다니면 영노가 비비 소리를 내면서 그 뒤를 따라다닌다. 영노가 양반을 잡아먹으려고 하자, 양반은 핑계를 대면서 빠져나가려 하지만 여의치가 않다. 결국 영노가 멀리 가 있는 틈에 떨어뜨린 부채를 챙겨서 도망간다.

4과장 **할미 영감춤** 지팡이를 짚은 할미가 춤을 추면서 나와 영감을 찾아다닌다. 영감은 첩과 놀고 있다가 아들 셋이 다 죽은 걸 알고 홧김에 할미를 때린다. 할미가 쓰러지자 영감은 봉사를 불러 경을 읽히고 무당을 불러 굿을 하지만, 할미는 숨을 거두고 만다.

놀이가 끝난 뒤에는 다시 한바탕 춤판을 벌이면서 날이 새도록 논다. 무엇이 잘되도록 빌기보다는 다 같이 하룻밤 놀면서 친목을 다지고 하나가 되는 놀이였던 셈이다. 흔히 풍년을 비는 뜻으로 하던 줄다리기를 때에 따라서는 들놀음을 마친 다음에 하기도 했다.

원양반

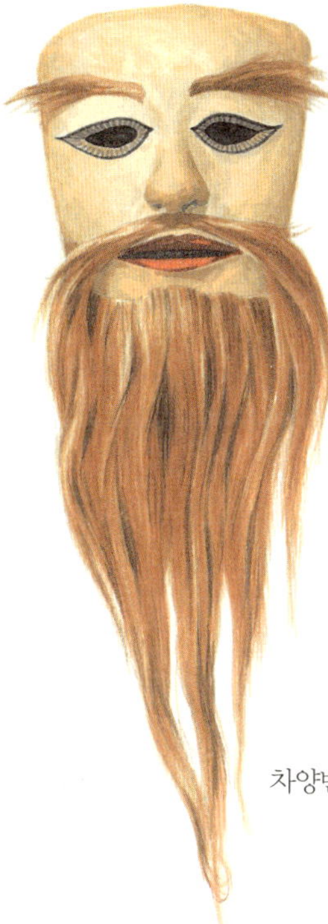
차양반

모양반

넷째양반

제대각시

말뚝이

종가도령

영감

할미

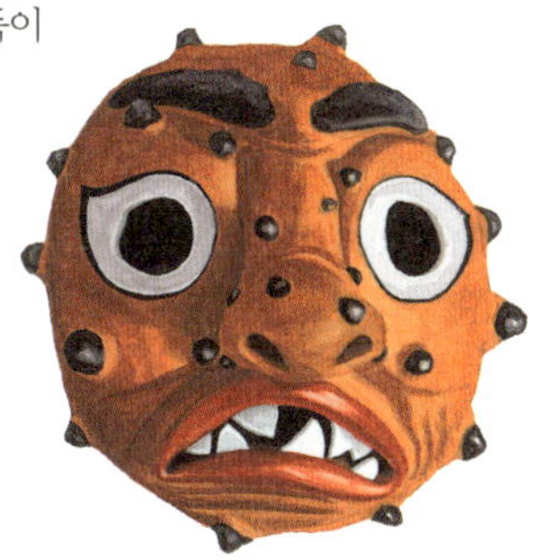
영노

길놀이

놀이패와 마을 사람들이 어울려 한바탕 춤추고 놀다가 밤이 이슥해지면 탈놀이를 시작해.

1 과장

문둥이춤

동래야류는 수영야류와는 달리 통영오광대나 고성오광대처럼 첫 과장에 문둥이가 나와. 문둥이 둘이서 대사 없이 춤과 몸짓만으로 이끌어 가는데, 한쪽 다리는 걷어 올리고 한 손에 든 소고로 얼굴을 가린 채 나와서 소고춤을 추는 거야. 서로 마주 보고 주거니 받거니 북을 치다가 뒤로 자빠지기도 하고, 서로 안고 누워 뒹굴기도 하고, 누운 채로 어린아이처럼 발버둥 치기도 해.

흔히 경상도의 오광대와 야류에서 문둥이가 나와 몸을 벌벌 떨거나 뒹굴거나 하면서 추는 춤은 양반의 자손이면서도 문둥이라는 이유로 천대받는 설움을 몸짓으로 나타내는 것으로 봐. 하지만 동래야류에서 문둥이들이 추는 춤은 좀 달라. 설움을 씻어 내는 것이라기보다는 그런 설움도 모르고 그저 저희들끼리 좋다고 철없이 찧고 까불면서 스스로를 더욱 깎아내리는 몸짓이지. 결국 다른 탈춤에서보다 양반이라는 존재를 더욱 우스꽝스럽게 만들어 버린 거야. 쓰고 나오는 탈도 다른 탈춤에서 쓰는 문둥탈에 비해 훨씬 우습게 생겼지.

이렇게 첫 과장부터 양반이 둘씩이나 문둥이로 나와서 설치는 바람에 두 번째 과장에 나오는 양반 풍자는 더 큰 힘을 받고 이어지게 돼.

예로부터 경남 지방은 날씨가 따뜻했기 때문에 문둥이들이 마을에서 멀리 떨어진 곳에 움막을 짓고 살면서 구걸하러 다니는 것을 많이 볼 수 있었다. 문둥이가 자기 병을 낫게 하려고 마을에 내려와 아기를 잡아먹는다는 소문이 돌아서 어른들은 말 안 듣는 아이들한테 겁줄 때 “문둥이가 잡아간다.”고 하기도 했다.

2과장

양반 말뚝이 춤

커다란 탈을 쓴 말뚝이는 다섯 양반 한가운데 서서 힘차게 춤을 추며 양반들을 휘어잡아.

3과장

영노춤

흰색 두루마기에 개가죽으로 만든 모자를 쓰고 부채를 든 비비양반이 굿거리장단에 맞춰 춤을 추면서 나와. 뒤따라 커다란 검정 보자기를 쓴 영노가 "비비, 비비" 소리를 내면서 나와 춤을 추지. 뭔가 이상한 느낌을 받은 양반이 뒤를 돌아보니 얼굴은 뻘겋고 몸은 온통 시커먼 놈이 떡 버티고 있는 거라. 비비양반이 깜짝 놀라 네가 무어냐고 물으니, 양반을 아흔아홉 잡아먹고 하나만 더 먹으면 하늘로 오르는 영노라고 하겠지. 이거 잘못 걸렸구나 싶어 땀이 바짝바짝 나지만 어떻게든 살아남기는 해야겠거든.

비비양반 나는 양반이 아니다.
영노 그러면 무엇이고?
비비양반 내가 똥이다.
영노 똥은 내가 더 잘 먹는다.
비비양반 내가 개다.
영노 개면 맛있고 더 좋다.

어허, 이를 어쩌나. 양반은 개가 되었다 똥이 되었다 돼지가 되었다 구렁이가 되었다 빠져나갈 구멍을 찾아보지만 이건 뭐 갈수록 첩첩산중인걸. 입씨름을 하던 영노가 답답했는지 갑자기 양반 옷을 잡아당기네. 양반은 안 끌려가려고 버티다가 그만 쥐고 있던 부채를 떨어뜨렸어. 부채를 찾는 척 슬금슬금 기면서 겨우 영노한테서 벗어난 양반은 안도의 숨을 쉬고는 한바탕 덧뵈기춤을 추다가 들어가지.

4과장 할미 영감춤

할미가 나와 영감을 찾아 헤매다가 겨우겨우 만나서는 반가워서 부둥켜안고 얼굴을 비비고 난리도 아니야. 그런데 영감이 첩인 제대각시를 소개하자, 할미는 심통이 나서 지팡이를 휘둘러 제대각시를 쫓아내 버려.

할미 성화에 성이 난 영감은 발길질을 해 대는데, 할미가 잘못했다고 아무리 빌어 보아도 소용이 없어. 결국 할미가 쓰러져 죽자, 영감은 허둥지둥 의원과 봉사를 불러 손을 써 보지만 이미 늦은걸. 늙은 영감 신세만 처량하게 되었지.

산대놀이

서울과 경기도 지방에서 놀던 탈춤이다. 본디 서울의 애오개 녹번 구파발에서 놀던 것을 본산대놀이라 하고 그것을 본떠 다른 곳에서 만들어 놀던 것을 별산대놀이라고 한다. 지금은 양주와 송파의 산대놀이만 전한다.

양주별산대놀이
송파산대놀이

양주별산대놀이 이야기

산대놀이란 서울을 중심으로 한 중부 경기도 지방에 전해 오는 탈춤이야. 고대 중국에서 하던 의식인 나례가 고려 시대에 우리나라로 들어와 훗날 산대놀이가 된 것으로 짐작하고 있어. 처음에는 나례처럼 섣달 그믐날 밤에 잡귀를 쫓으려고 궁중에서 치르던 의식이었다가, 조선 시대에 이르러 산대잡극이라는 이름으로 바뀌어 연극처럼 보고 즐기게 됐지. 그런데 인조 때 산대도감이 폐지되면서 일반 백성들한테 전해졌어. 산대잡극이 차츰 백성들의 삶 속에서 하나의 민중 놀이인 산대놀이로 자리 잡게 된 거지. 오광대나 해서탈춤 같은 다른 지방 탈춤의 밑바탕이 되기도 했는데, 지금은 서울과 경기 지방 탈춤을 따로 이르는 말로 쓰여.

산대놀이는 크게 서울 녹번과 애오개 사람들이 놀던 본산대놀이와, 본산대놀이를 본떠 다른 곳 사람들이 따로 만들어 놀던 별산대놀이로 나누어. 양주별산대놀이와 송파산대놀이는 별산대놀이의 한 갈래야. 본산대놀이가 사라진 오늘날에는 양주별산대놀이가 산대놀이의 대표 격으로 전해지고 있어.

양주에서는 약 200년 전부터 해마다 사월 초파일과 단오에 서울 본산대를 초청해 산대놀이를 즐겼어. 그런데 본산대가 워낙 인기가 많아 여러 지방을 돌다 보니까 못 오는 때가 많아졌다지. 그걸 아쉬워한 양주 사람들이 본산대를 그대로 본떠서 양주에서 따로 놀기 시작한 것이 양주별산대놀이의 시작이야.

그때까지만 해도 양주는 북쪽에서 서울로 들어가는 주요 길목이었어. 큰 장이 서고 사람들이 많이 모여들어 마을 살림이 여유로웠기 때문에 본산대를 자주 초청할 수 있었지. 또 많은 사람들이 드나들다 보니 그만큼 여러 문화가 폭넓게 어우러진 곳이기도 했어. 양주 사람들은 신명이 넘쳐서 춤추고 노는 것을 유난히 좋아했다지.

이렇게 좋은 조건 가운데서 양주별산대놀이가 발전하게 된 거야. 관아에서 잡일을 하던 하층민들, 향리나 한량 같은 하급 관리들이 앞장섰지. 관아에서까지 지원해 주었기에 더 큰 힘을 받았어. 한창때는 전국에서 수많은 구경꾼들과 장사치들이 모여들었는데, 장사치들한테 자릿세를 받아 놀이에 보탰을 정도로 한바탕 난장이 벌어졌다니까.

양주별산대놀이는 삼월 삼짇날, 사월 초파일, 오월 단오, 구월 중양절 같은 세시 명절이나 농사와 관련된 절기마다 놀았어. 그 밖에 나라나 지역의 행사, 나례, 기우제, 다른 지방 초청 공연이 있을 때도 판을 벌였지. 본디 마을신을 모시면서 탈과 의상도 함께 두었던 사직단 앞마당에서 놀다가, 나중에는 마을 뒷산 소나무 숲 잔디밭이나 폭포 가까이 있는 완만한 산비탈로 놀이마당을 옮기기도 했어. 놀이패와 구경꾼이 함께 어울리는 열린 장소임에는 변함없었지만 말이야.

양주별산대놀이는 마을을 돌면서 쌀이나 돈을 걷는 길놀이와, 놀이마당에서 탈과 음식을 차려 놓고 지내는 탈 고사, 그리고 상좌춤, 상좌와 옴중, 옴중과 먹중, 연잎과 눈끔적이, 팔먹중놀이, 노장놀이, 샌님놀이, 신할아비와 미얄할미에 이르는 여덟 과장으로 이루어져. 궁중 의식에서 비롯되었기에 오광대, 들놀음에 비해 성대하고 격식을 차리는 것이 특징이지. 반주는 피리 둘, 대금, 해금, 장구, 북으로 이루어지는 삼현육각 반주를 넣고 꽹과리와 태평소를 곁들이기도 해. 춤사위는 크게 거드름춤과 깨끼춤 두 가지인데, 둘 다 열 가지가 넘는 춤사위를 이루고 있으니 한국 민속춤의 기본을 다 갖추었다고 볼 수 있지. 등장인물도 많고 의상도 화려할 뿐만 아니라 놀이 시간이 짧게는 세 시간에서 길면 열 시간이 넘기도 했대. 탈은 전부 바가지로 만들었는데, 표현이 섬세하고 얼굴 모습이 실제 사람 모습과 가까운 것이 많아. 말뚝이탈을 먹중이나 도끼가 쓰는 것처럼 탈 하나를 여러 배역에 쓰기도 해서 탈 개수는 모두 스물두 개야.

양주별산대놀이 [중요무형문화재 제2호]

1과장 **상좌춤** 첫째 상좌가 나와 천신께 재를 올리는 춤을 춘다. 둘째 상좌도 같은 춤을 되풀이한다.

2과장 **상좌와 옴중** 상좌가 옴중의 막대기와 제금을 빼앗으니 성이 난 옴중은 춤으로 겨루다가 상좌를 내쫓고 혼자 타령장단에 맞추어 춤을 춘다.

3과장 **옴중과 먹중** 서로의 얼굴과 차림새를 가지고 말장난을 하다가 옴중이 먹중한테 밀려난다.

4과장 **연잎과 눈끔적이** 연잎과 눈끔적이가 옴중과 먹중들을 내쫓고 잡귀를 쫓는 춤을 춘다.

5과장 **팔먹중놀이**

1경 염불놀이 완보가 다른 먹중들과 함께 어울려 염불을 외면서 말장난을 하며 논다.

2경 침놀이 갑자기 체해 쓰러진 먹중 셋이 의원의 침을 맞고 모두 살아난다.

3경 애사당 법고놀이 애사당의 법고춤이 마음에 차지 않은 먹중은 법고를 빼앗아 치는데, 완보가 법고를 잡고 이리저리 돌리며 못 치게 골탕을 먹인다.

6과장 **노장놀이**

1경 파계승놀이 소무 둘이 노장을 유혹하니 노장은 소무의 아름다움에 빠져 파계를 한다.

2경 신장수놀이 노장이 소무한테 줄 신을 사려 하나, 신장수는 신은 팔지 않고 원숭이를 시켜 소무를 꾀어내려 한다.

3경 취발이놀이 취발이가 노장한테 싸움을 걸어 소무 하나를 뺏는다. 소무한테서 아들을 얻자 이름을 지어 주고 글을 가르친다.

7과장 **샌님놀이**

1경 의막사령놀이 의막사령을 맡은 쇠뚝이는 말뚝이네 주인 양반들을 돼지우리에 몰아넣는다.

2경 포도부장놀이 샌님의 첩 소무와 눈이 맞은 포도부장은 젊음과 힘으로 소무를 빼앗는다.

8과장 **신할아비와 미얄할미** 신할아비가 미얄할미를 구박하며 헤어지자고 하자 미얄할미는 집을 나가 화병으로 죽는다.

옴중

연잎

눈끔적이

노장

애사당

왜장녀

말뚝이

먹중

취발이

원숭이

포도부장

완보

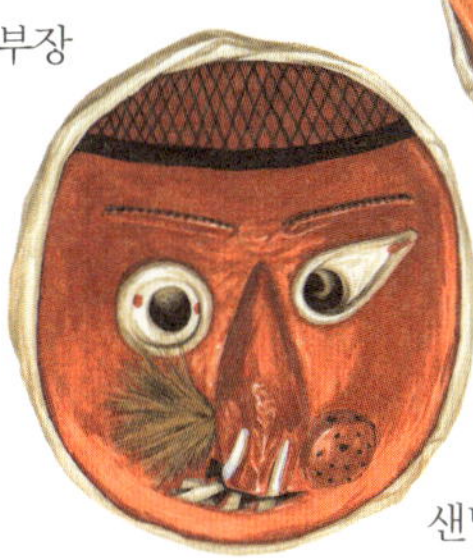

샌님

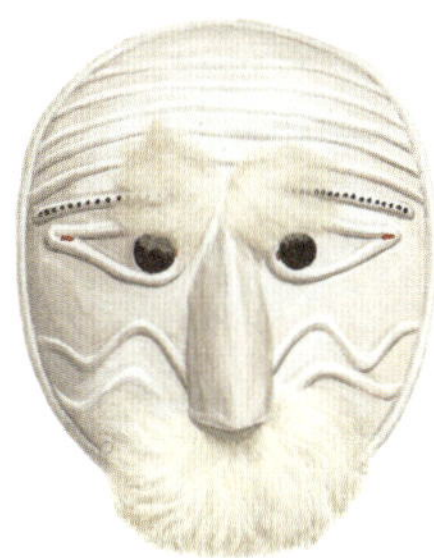

신할아비

미얄할미

길놀이

당집에서 탈과 의상을 차려입은 놀이패는 길놀이를 하며 놀이마당으로 가.

1 과장

상좌춤

삼현육각으로 염불장단이 울려 퍼지면 나이 어린 상좌가 하나 나와. 상좌가 장단에 맞추어 어깨를 들썩이면서 춤을 추다가 두 손을 가슴 앞에 모으고 차츰 허리를 굽혀 오른쪽과 왼쪽을 번갈아 가며 천신한테 두 번씩 절을 올려. 이어 장단이 바뀌면 동서남북 네 방위를 향해 차례로 두 번씩 절을 올리는 사방치기춤을 추지. 첫째 상좌의 춤이 끝나면 더 어린 둘째 상좌가 나와 똑같은 춤을 거듭해. 사방신한테 놀이의 시작을 알리고 잡귀를 물리쳐 놀이판을 깨끗하게 함으로써 놀이가 무사히 끝나기를 비는 춤인데, 가산오광대의 오방신장무와 같은 뜻을 지니고 있어.

종교적인 뜻이 담긴 의식무이기 때문에 상좌 가운데서도 세상 물이 안 든 나이 어린 사미승이 이 춤을 추는 거래.

양주별산대놀이에 나오는 여러 가지 춤사위를 담고 있는 상좌춤은 잘 추기가 어려운 춤이야. 그래서 놀이패 가운데서 춤을 가장 잘 추는 사람이 상좌 역을 맡기 마련이지.

2과장

상좌와 옴중

옴중은 옴이 오른 중이야. 옴이 심하면 고름이 생기고 진물도 줄줄 흐르는데, 아픈 건 둘째 치고 온몸이 몹시 가려워 잠시도 긁지 않고는 견딜 수가 없어. 게다가 잘 옮는 병이라 사람들은 곁에 오는 것조차 꺼리지. 몸을 깨끗이 하지 않는 사람한테 잘 생기는 병인데, 하필 중이 그런 병에 걸리다니! 파계를 하고 떠돌아다니면서 타락한 중을 옴이 오른 모습으로 보여 주는 걸까? 얼굴에 온통 옴이 올라 딱지가 덕지덕지 앉은 모습은 언뜻 보아도 징그럽기 짝이 없지.

그런 꼬락서니로도 옴중은 막대기를 똑똑 두드리면서 거드름을 피워. 그 뒤를 따라 상좌가 나오더니 옴중이 들고 있는 막대기를 홱 낚아채네.

"이키! 이게 웬일이야!"

옴중이 깜짝 놀라 장삼 자락을 휘두르며 뒤로 물러나. 이번엔 옴중이 제금을 치면서 돌아다니니 기다렸다는 듯이 상좌가 다가와 제금마저 빼앗아 버려.

옴중은 상좌더러 도둑질이나 하는 놈이라 욕하지만 상좌는 아랑곳하지 않고 오히려 중을 어르면서 춤을 추지. 둘이 맞춤으로 대결을 벌이다가 결국은 옴중이 힘으로 상좌를 쫓아내 버려. 그러고는 혼자 긴 장삼을 뿌리며 염불장단에 맞추어 느릿느릿 거드름춤*을 추다가 다시 타령장단에 맞추어 신명 나게 깨끼춤*을 추고 놀아. 이 옴중춤이야말로 양주별산대놀이에 나오는 춤 가운데 가장 활달하고 멋진 춤이지.

* 거드름춤 : '거들먹거리다', '거드름 피우다' 라는 뜻으로, 느린 염불장단에 맞추어 추는 춤. 팔을 벌린 채 몸 마디마디의 기를 풀어내며 추는데 생명의 꿈틀거림을 나타낸다.
* 깨끼춤 : '깎다', '깎아내리다' 라는 뜻으로, 빠른 타령장단에 맞추어 추는 춤. 손짓을 많이 쓰는데 움직임이 절도가 있어 마치 무술과 비슷해 보인다.

3과장

옴중과 먹중

먹중이 나와 허리에 손을 짚고 엉덩이를 살랑살랑 흔들면서 춤을 추고 있어. 그런데 옴중이 툭 튀어나오더니 먹중 얼굴을 치고는 달아나네. 화가 난 먹중*은 옴중 벙거지를 끌어 잡고 이것저것 시비를 걸어.

"야, 그러나저러나 너 벙거지에 달린 그 나불나불하는 건 뭐냐?"
"너 알면 끔찍끔찍하다. 나불나불한 거 말이지.
저–어 내가 사신으로 중국에 갈 적에 임금님께서 상으로 내리신 어송화다."

그 말을 들은 먹중이 그럼 머리에 쓴 벙거지는 뭐냐고 또 물으니, 이번엔 엉뚱하게도 빈대떡이라고 둘러대는 거야. 옴중이 먹중을 놀려 먹으려고 그러는 거겠지. 어리석은 먹중은 그 말을 곧이곧대로 믿고는 배고픈 김에 잘됐다고 달려들어 으드드득 벙거지를 씹어 먹어.

아니, 이런 무식한 놈이 다 있나? 옴중은 어처구니가 없어 이건 빈대떡이 아니라 의관이라면서 자기가 얼마나 유식하고 신분이 높은 사람인지 뽐내.

그러다 이번에는 서로 네 얼굴이 더 못생겼다고 시비를 하네. 얼굴이 아주 큰 먹중이나 옴이 올라 우툴두툴 지저분한 옴중이나 누가 봐도 못나기로는 매한가진데, 못난 사람 둘이서 서로 잘났다고 싸움질이니 거참 우습고도 기가 막힐 노릇이지.

그렇게 한참을 다투다 옴 오른 파계승이라는 것이 들통 난 옴중은 먹중한테 얻어맞고 보기 좋게 쫓겨나.

* 먹중 : 먹장삼을 입은 중으로 절에서 가장 아랫사람이다. 산대놀이에서는 '먹중', 해서탈춤에서는 '목중'으로 부른다.

4과장

연잎과 눈끔적이

연잎과 눈끔적이가 파계승들을 벌하려고 하늘에서 내려왔어. 하늘 신인 연잎은 언제나 하늘을 쳐다보면서 부채로 얼굴을 가리고, 땅 신인 눈끔적이는 늘 땅만 내려다보며 긴 소매로 얼굴을 가리고 다녀. 연잎이 부채를 젖혀 얼굴을 드러내거나 눈끔적이가 눈을 끔적거리다가 들어 올리면, 나쁜 귀신은 쫓겨 가고 사람은 죽기 때문이야. 다른 탈춤에 나오는 사자나 영노의 역할을 산대놀이에서는 연잎과 눈끔적이가 대신하는 셈이지.

옴중이 슬금슬금 다가가서 연잎의 얼굴을 슬쩍 들여다보고는 소스라치며 도망가네. 눈끔적이가 눈을 끔적끔적하면서 옴중을 잡으려고 쫓아가면 옴중은 겁이 나서 허둥지둥 이리저리 달아나고. 처음엔 그게 뭐가 그리 무서우냐고 큰소리 탕탕 치던 먹중들도 막상 들여다보고는 걸음아 날 살려라 다 도망가 버려. 먹중들을 모두 쫓아낸 다음 삼현육각 가락에 맞추어 연잎이 부채춤을 추면, 눈끔적이는 연잎한테 나쁜 귀신이 다가오지 못하도록 그 둘레를 빙빙 돌면서 돌담춤을 춰.

5과장

팔먹중놀이

염불놀이 – 침놀이 – 애사당 법고놀이

5과장 팔먹중놀이

1경 염불놀이

팔먹중이란 파계한 여덟 중을 말하는 거야. 양주별산대놀이에서는 상좌 둘, 먹중 넷, 옴중과 완보를 모두 합쳐 팔먹중이라고 해. 완보는 팔먹중 가운데 나이가 가장 많고 아는 것도 제법 많아 우두머리 노릇을 하지. 그래서 머리에는 보란 듯이 관을 쓰고 있어.

완보가 다른 먹중들한테 다가가서 너희는 누구냐고 정체를 물어. 먹중들이 말하길, 우리는 겉은 중이지만 속은 하나같이 놀기 좋아하는 한량이라고 하지. 중끼리 만났으니 같이 염불이나 해 보자는 완보의 말에 모두가 함께 어울려 염불을 외는데 웬걸, 중 노릇은 제대로 안 하고 놀기만 하는 중들이니 염불인들 제대로 할 리가 있나.

나무아미타불
나무할미타불
나무어미타불
나무할애비타불

온갖 엉터리 말로 허투루 염불을 외더니 얼마 못 가 아예 집어치우고 백구야 날지 마라…… 세속적인 타령이나 읊을 수밖에.

2경 침놀이

아들, 손자, 증손자까지 먹중 셋을 데리고 산대놀이 구경을 나왔던 아비 먹중이 친구 완보를 급하게 찾아왔어. 자손들이 이것저것 마구 먹더니 체했는지 쓰러져 꿈쩍도 못한다고 한번 봐 달라고 사정사정을 하는 거야. 하지만 완보인들 별수가 있

나. 쓰러진 먹중들을 여기저기 찬찬히 살피고는, 산대놀이 구경하다 신명에 체한 것 같으니 신명풀이나 한번 해 보자네. 그래, 어디 한번 해 봐라 하니 완보가 꽹과리를 치면서 〈백구타령〉을 부르는데, 아무리 불러도 쓰러진 먹중들은 꿈쩍도 하질 않거든. 결국은 보다 못한 아비 먹중이 용한 침쟁이 신주부를 데려와 맥을 짚어 보았지. 그랬더니 아 글쎄, 한 녀석은 상사병, 한 녀석은 술병, 또 한 녀석은 잔칫집 귀신과 초상집 귀신이 겹으로 씌었대. 신주부가 침을 한 방씩 놓자, 죽은 듯하던 먹중 자손들이 거짓말처럼 살아나고 모두가 기뻐서 한바탕 춤을 춰.

3경 애사당 법고놀이

팔먹중이 모두 나와 꽹과리를 요란하게 치면서 춤추고 노는데, 왜장녀가 다가와 새끼줄로 얼굴을 탁탁 치네. 이게 뭐하는 짓이냐고 버럭 화를 내는 먹중한테 왜장녀는 손가락으로 자기가 데리고 온 딸 애사당을 가리켜. 흥정을 시작한 왜장녀는 돈 열 냥을 받고 애사당을 팔아넘기고 얼씨구 신이 난 먹중은 애사당을 업은 채 춤을 추고 술판을 벌이지.

애사당이 법고를 치면서 춤을 추기 시작하자 먹중은 벌떡 일어나 법고 채를 빼앗더니 애사당을 쫓아 버리네. 얌전하기만 한 애사당의 춤이 마음에 들지 않았던 거지. 그러면서 하는 말이 법고춤이란 벗고 추는 춤이라고 트집을 잡는 거야. 벌거벗고 한번 멋있게 쿵쿵 쾅쾅 신나게 치는 이게 바로 법고춤이라며 옆에 있던 완보의 얼굴을 채로 탁탁 치니, 완보가 팩 성질이 났지. 법고를 올렸다 내렸다 등에 졌다 뺑뺑 돌았다 하면서 먹중이 제대로 법고를 못 치게 골려 먹고 나서 먹중이랑 타령장단에 맞춰 흥겹게 맞춤을 추다 들어가.

6과장

노장놀이

파계승놀이 | 신장수놀이 | 취발이놀이

6과장 노장놀이

1경 파계승놀이

팔먹중이 놀고 있는 놀이판에 노장이 상좌를 앞세우고 나타나. 먹중들은 절에서 도만 닦던 고귀한 노장 스님이 세속 놀이판에 나타난 것을 보고 크게 놀라지. 하지만 가만히 살펴보니 뭔가 겸연쩍은지 부채로 얼굴을 가리고 있어. 드러내 놓고 말은 안 해도 노장 역시 자기들이나 마찬가지로 세속적인 인간인 것 같거든. 흥이 더한 먹중들은 온갖 말로 노장을 놀리고 빈정거리더니 한바탕 타령을 부르고 춤을 춘 다음, 노장을 놀이마당 한가운데 끌어다 놓고 사라져 버려.

팔먹중들한테 한참을 시달린 노장이 정신을 차리려고 세수를 하고 나서 한바탕 춤을 추는데, 이번에는 어여쁜 소무 둘이 다가와 춤을 추면서 노장 혼을 쏙 빼 놓네. 마침내 노장은 소무의 환심을 사려고 중 옷까지 다 벗어 던지고 노름판에 뛰어들어. 노름을 해서 딴 돈으로 소무를 둘이나 차지하고 함께 춤추는 노장의 모습에는 지팡이를 짚고 간신히 움직이던 늙은 중은 간 곳이 없고 세속적인 욕심을 채우려고 물불을 가리지 않는 본능적이고 열정적인 사내의 모습만 넘쳐 나지.

2경 신장수놀이

신장수가 놀이마당을 돌면서 신을 파는데, 노장이 다가와 신을 두 켤레 사겠다고 하네. 신장수가 보아하니 늙은 중이 소무를 하나도 아니고 둘씩이나 데리고 놀고 있거든. 게다가 신값도 윤동짓달 스무 초하룻날에나 갚겠다고 하니 신값 떼먹으려는 날도둑이나 다름없어. 신값 받기는 틀렸으니 소무나 한 명 꾀어내려고 데리고 다니는 원숭이한테 심부름을 시켰더니, 원숭이는 제 할 짓만 하다 혼자 돌아오는 거야. 골이 난 신장수는 원숭이를 때려 쫓아내곤 혼자 춤을 추다 들어가.

3경 **취발이놀이**

취발이는 절간에서 불이나 때고 허드렛일을 하는 총각이야. 평생 절에 살면서 나이만 먹어 가다가 절이 문을 닫게 되자 속세에 내려와 하릴없이 떠도는 신세가 되었지. 그런데 문득 보니 늙은 중이 소무를 하나도 아니고 둘씩이나 끼고 놀고 있거든. 성도 나고 빼앗고 싶은 욕심이 불같이 일어날 수밖에.

노는 판에 뛰어든 취발이는 노장을 꾸짖으면서 힘을 겨루기 시작해. 마음은 청춘이래도 다 늙은 중이 아직 젊은 총각을 이기기가 어디 쉽나. 결국 힘에 밀린 노장은 소무 하나를 데리고 사라져. 남은 소무를 꾀어 사랑춤을 추고 노니 소무가 취발이 아이를 낳았네. 느지막이 얻은 아들을 업고 취발이는 신이 나서 노래를 불러.

아가 아가 우지 마라 제발 덕분 우지 마라
네 어머니 굿에 가서 떡 받아 오면 줄게 우지 마라
네 아버지 장에 가서 엿 사 오면 줄게 우지 마라
만첩청산 높으둥이
은을 준들 너를 사며 금을 준들 너를 사랴
일가에는 화목둥이 형제에게 우애둥이
나라에는 충신둥이 부모에게 효자둥이

7 과장

샌님놀이

의막사령놀이 — 포도부장놀이

7과장

샌님놀이

1경 의막사령놀이

의막사령이란 길손이 임시로 머물 곳을 마련하는 일을 맡은 심부름꾼이야. 말뚝이네 주인 양반 가족의 의막을 마련하는 일을 부탁받은 쇠뚝이가 바로 의막사령인 셈이지.

말뚝이는 과거를 보러 가는 샌님, 서방님, 도련님을 모시고 있는데, 글쎄 이 양반들이 과거는 뒷전이고 산대놀이를 구경하느라 해 지는 줄도 몰랐네. 말뚝이가 친구 쇠뚝이한테 찾아가 주인 양반들이 하룻밤 묵을 의막을 구해 달라고 급히 부탁했더니 세상에, 좋은 곳이라 정해 놓은 곳이 돼지우리야. 게다가 쇠뚝이는 채찍까지 휘두르면서 돼지 몰듯이

"두우두우 구울구울구울"

양반들을 돼지우리에 몰아넣는데, 눈치 없는 양반들은 돼지우리가 깨끗하니 좋다고 하는구나.

억지 문안을 드리던 쇠뚝이는 문안 인사 하는 척 양반을 놀려 먹기까지 해. 뒤늦게야 화가 난 샌님은 쇠뚝이를 잡으려다가 쇠뚝이 편을 드는 말뚝이를 대신 잡아들여 곤장을 치라고 하네. 분부를 받은 쇠뚝이가 곤장을 치려고 하자 말뚝이는 돈을 주겠다며 살살 쳐 달라고 쇠뚝이를 구슬리고, 쇠뚝이는 말뚝이한테 받은 돈을 다시 샌님한테 뇌물로 주며 용서를 구해. 하인한테 갖은 망신을 당하면서도 하인이 주는 뇌물은 또 살뜰히 챙기는 양반이니, 그 뻔뻔함과 염치없음을 보자면 돼지 취급을 받고 도둑놈의 아들이란 욕을 먹어도 할 말이 없겠지?

2경 포도부장놀이

늙은 언청이 샌님이 젊은 첩을 새로 들여 살고 있는데, 첩인 소무의 마음이 떠날까 봐 늘 마음이 놓이지 않아. 아니나 다를까, 어느 날 젊고 힘 좋은 포도부장이 나타나서는 샌님과 소무 사이를 갈라놓고 소무를 꾀어 춤추고 노는 거야. 이 모습을 본 샌님은 이리 뛰고 저리 뛰고 분해서 어쩔 줄을 몰라. 포도부장을 떠밀어도 보고 호통도 쳐 보지만 도무지 이길 수가 없거든. 아이고, 이거 힘으로는 도저히 안 되겠다 싶어 이번에는 샌님이 소무 옆에 붙어서 소무를 어르고 달래기 시작하지.

"마누라, 그러지 마라. 내야 살면 몇 해 사나.
우리 사이가 얼마나 좋았던가. 응?"

아무리 달랬다 윽박질렀다 번갈아 해 봤자 뭐하나. 소무 마음은 이미 포도부장한테 가고 만걸. 샌님이 하도 들러붙어 귀찮게 구니 참다못한 소무는 한 손으로는 샌님 멱살을 잡고 한 손으로 손짓해 포도부장을 부르는 거야. 힘을 얻은 포도부장도 이제는 샌님한테 주먹질, 발길질까지 하며 막 대들기 시작하네. 제아무리 양반이라도 젊고 힘 있는 사람 앞에서는 아무것도 할 수 없는 초라한 늙은이일 뿐이야. 소무 마음을 돌이키기엔 너무 늦은 것을 깨달은 샌님은 떠나기 전에 손목이나 한번 잡아 보자고 애걸하다가 괄시만 받고는 눈물을 뚝뚝 흘리면서 물러나지.

8과장

신할아비와 미얄할미

아이들아 아이들아
산대굿 구경 해 보았나
팔십 먹은 나도 어제
산대굿 구경 해 보았네
이팔청춘 소년들아
늙은이 망령을 비웃지 마소
나도 어제 청춘이더니
홍안백발이 다 되었네

몸은 늙었어도 놀기 좋아하는 신할아비는 평생 같이 산 마누라가 지긋지긋하거든. 미얄할미더러 이제 좀 헤어지자고 하지. 이 말을 듣고 할미는 힘없이 집을 나가 길에 쓰러져 죽고 말아.

뒤늦게 아들 도끼와 딸 도끼누이가 달려왔지만, 아버지 돈 심부름 가다 돈 떼먹고 멀리 달아났던 아들이나 홀로 옹색하게 살고 있는 딸이나 다들 형편이 넉넉하지 못하니 굿 한 번 제대로 올려 줄 수가 없구나. 어쩔 수 없이 딸이 무당이 되고, 아비는 장구를 치고, 아들은 춤을 추며 미얄할미의 넋을 위로하는 지노귀굿을 벌여.

송파산대놀이 이야기

송파산대놀이는 서울 송파 지역에 전해 오는 탈춤이야. 양주별산대놀이와 함께 지금은 사라진 본산대놀이의 맥을 잇고 있어. 송파산대놀이를 알려면 무엇보다 먼저 송파라는 지역을 자세히 알아야 해. 송파의 역사가 곧 송파산대놀이의 역사거든.

조선 후기에 송파는 우리나라에서 손꼽힐 만큼 큰 시장이 열리는 곳이었어. 한강을 오르내리는 뱃길로 강원도까지 배가 오가고, 뭍길로는 상인들이 말을 타고 전국을 돌았지. 오일장이 열릴 때면 온갖 장사치들과 뱃사람들이 들끓어서 술과 음식을 파는 객줏집만도 200곳 넘게 장사를 했을 정도야.

이렇게 시장이 크게 열릴 때는 되나 말로 곡식 양을 헤아리는 말감고, 배에 큰 짐을 실고 부리는 임방꾼, 심부름꾼, 뱃사람, 술집에서 일하는 사람 같은 갖가지 일을 하는 이들이 모여들어. 그들이 낸 기부금으로 해마다 크고 작은 명절과 장날에 씨름 시합도 열고, 광대 줄타기도 보고, 산대놀이도 벌였던 거지.

그러다 교통이 발달하고 동대문 밖과 천호동에도 큰 시장이 생기면서 송파장은 점점 줄어들게 돼. 송파산대놀이도 따라서 크기가 작아졌겠지. 게다가 1925년에 아주 큰 물난리가 나면서 집이 모두 떠내려가고 마을과 장터가 온통 강바닥 모래밭이 되는 바람에 송파의 옛 모습은 사라져 버리고 말아.

그 뒤로 송파에서는 예전처럼 큰 탈놀이를 볼 수 없게 됐어. 마을 단위로 명절이나 술자리 때 조촐하게 놀았을 뿐이야. 그런데 그마저도 동네 어른들이 탈춤 추면 물난리 난다고 말려서 남한산성이나 봉은사 같은 데 가서 놀아야 했다나 봐. 그나마 송파는 도시화가 크게 진행되지 않은 덕에 옛 마을 주민들이 살면서 근근이 산대놀이 전통을 지켜 올 수 있었지.

송파산대놀이의 놀이패들은 말감고, 임방꾼, 막일꾼처럼 잡일을 해서 먹고사는 이들이었어. 주로 정월 초, 사월 초파일, 오월 단오, 칠월 백중, 팔월 한가위 같은 명절을 끼고 탈놀이를 벌였지. 그 가운데서도 칠월 백중에는 열한 개 동네가 모여서 일주일에서 열흘 동안 크게 놀았다고 해. 농사일 가운데 가장 힘든 김매기가 거의 마무리되는 때여서 온 마을 사람들이 모일 수 있었거든.

본디 송파산대놀이는 장터를 가운데 두고 마을을 한 바퀴 빙 도는 길놀이로 시작했어. 송파산대놀이라고 쓰인 깃발이 앞장서면 태평소, 징, 장구, 자바라 같은 악기들이 뒤를 잇고, 탈을 쓴 놀이패들이 탈놀이에 등장하는 순서 그대로 줄을 지어 따라가. 이들은 갖가지 우스운 짓을 하면서 마을 사람들을 웃기고, 빈터에 멈춰서는 흥겨운 춤판과 술판을 벌이기도 해. 이런 길놀이는 구경꾼을 모으는 한편, 마을의 잡귀를 쫓고 한 해의 풍년을 비는 뜻도 있었어. 그런데 송파산대놀이가 마을 주민들만의 놀이가 아니라 장꾼들을 많이 모이게 하는 행사가 되면서부터는 길놀이가 차츰 사라지게 됐지.

놀이마당은 장마당 넓은 터에 둥글게 말뚝을 박고 새끼줄을 쳐서 만들었어. 좀 떨어진 곳에는 기둥을 박고 발을 친 다음 지붕을 얹었는데, 이것을 개복청이라고 해. 탈과 탈춤 도구들을 두는 곳이면서 놀이패들의 분장실이기도 하지. 이 안에서 옷을 갈아입거나 탈을 쓰고 준비를 마친 놀이패들이 놀이마당으로 멋지게 등장하는 거야. 상좌춤, 옴중과 먹중, 연잎과 눈끔적이, 팔먹중, 노장, 샌님, 신할아비와 신할미 과장을 다 놀고 나면 탈놀이가 끝나.

송파산대놀이는 양주별산대놀이처럼 본산대를 본받아 만들었기 때문에 놀이 구성이나 내용, 등장인물이 양주별산대놀이와 거의 같아. 다만 탈 개수가 양주보다 많은 서른세 개가 전하고 화장무 같은 춤사위가 남아 있는 것으로 보아, 본산대의 모습을 더 많이 간직하고 있음을 짐작할 수 있지.

송파산대놀이 [중요무형문화재 제49호]

1과장 **상좌춤** 첫째 상좌와 둘째 상좌가 차례로 나와 염불장단에 맞추어 춤을 춘다.

2과장 **옴중과 먹중** 옴중이 춤을 추는데 먹중이 나와 옴중의 얼굴과 차림새를 두고 놀린다.

3과장 **연잎과 눈끔적이** 연잎과 눈끔적이가 부채로 얼굴을 가리고 나타난다. 완보가 나와 연잎과 눈끔적이를 알아보고 어울려 춤을 추면, 나머지 먹중들도 나와 한바탕 흥겹게 춤을 춘다.

4과장 팔먹중

1경 북놀이 먹중 둘이 법고를 갖고 장난을 치다가 애사당한테 돈을 주고 법고를 치게 한다.

2경 곤장놀이 완보가 먹중들한테 염불을 가르치려고 한다. 한 먹중이 못 하겠다고 하자 곤장을 때려 내쫓는다. 나머지 먹중들도 못 하겠다며 술이나 먹고 춤이나 추자고 한다.

3경 침놀이 춤추던 먹중 하나가 갑자기 쓰러진다. 먹중들이 완보에게 맥을 짚어 보라고 하자 신명을 풀어 준다며 〈백구타령〉을 부른다. 그래도 깨어나질 않자 신주부를 데려와 침을 놓는다.

5과장 노장

1경 파계승놀이 팔먹중이 노장을 생선으로 알고 먹으려다 노장임을 알아보고 야유를 한다. 소무 둘이 나와 춤을 추니 노장이 홀린 듯 일어나 함께 어울려 춤을 춘다.

2경 신장수놀이 신장수가 원숭이더러 노장한테 가서 신값을 받아 오라고 시킨다.

3경 취발이놀이 소무 하나를 차지한 취발이는 아들을 얻어 마당쇠라 이름 짓고 글을 가르친다.

6과장 샌님

1경 의막사령놀이 말뚝이와 쇠뚝이가 양반 삼대를 돼지 취급하며 돼지우리로 몰아넣는다.

2경 샌님과 미얄할미 샌님이 소무와 흥겹게 춤추고 노는데, 미얄할미가 샌님을 찾아온다. 소무를 보고는 질투를 해서 싸움을 벌이다 샌님한테 버림받는다.

3경 샌님과 포도부장 샌님과 소무가 춤추고 노는데, 포도부장이 나타나 소무를 빼앗는다.

7과장 **신할아비와 신할미** 신할아비한테 구박받은 신할미가 쓰러져 죽자 놀란 신할아비는 무당을 불러 굿을 한다.

옴중
연잎
눈끔적이
첫상좌
서방님
노장
신장수
도련님
취발이 아이
취발이
샌님
신할아비
신할미
말뚝이
쇠뚝이
신주부
도끼

길놀이

놀이패는 흥겹게 춤을 추며 동네를 한 바퀴 돈 다음 장마당에 마련한 놀이마당으로 가.

1 과장

상좌춤

흰 장삼에 붉은 고깔을 쓰고 붉은 띠와 붉은 한삼을 한 첫째 상좌가 나와 염불장단에 맞춰 사방을 돌아가며 절을 해. 그러고는 일어나 타령장단에 맞추어 깨끼춤을 추는 거야. 한쪽 팔과 무릎을 들면서 손을 이마에 두었다가 내리고 반대쪽도 번갈아 하지. 그러다가 양쪽 손을 어깨 뒤로 젖히면서 사뿐사뿐 뒷걸음질하기도 해. 첫째 상좌의 춤이 끝나면 흰 장삼에 푸른 고깔을 쓰고 푸른 띠와 푸른 한삼을 한 둘째 상좌가 나와서 똑같이 사방에 절을 한 다음 비슷한 춤을 추고 들어가.

상좌 둘이 맨 처음에 나와 사방을 향해 합장하며 춤을 추는 것은 양주별산대놀이처럼 놀이판을 벌이기 전에 나쁜 귀신을 쫓고 놀이마당을 깨끗하게 하고자 사방신한테 올리는 의식무야. 가산오광대에서 오방신장이 춤을 추는 것과 같은 뜻을 담고 있지.

대사 한 마디 없이 상좌 둘이 춤만 추는 이 과장은 두 상좌가 서로 대비되는 붉은색과 푸른색 옷을 입음으로써 종교 의식 같은 느낌을 더 강하게 주고 있어.

2과장

옴중과 먹중

둘째 상좌의 춤이 끝날 무렵, 먹빛 장삼에 벙거지를 쓰고 제금을 든 옴중이 나와서는 제금을 요란하게 두들기면서 상좌를 쫓아내려고 해. 둘째 상좌가 듣고도 못 들은 척 계속 춤을 추니까 이젠 아예 둘째 상좌 얼굴 앞에 갖다 대고 두드리네. 화가 난 둘째 상좌는 옴중의 제금을 홱 빼앗더니 두드리면서 나가 버려. 제금을 빼앗긴 옴중은 잠시 멍하니 서 있다가 사방을 둘러보고는 이왕 나온 김에 신나게 놀아 보자 하더니 염불장단에 맞추어 긴 장삼을 휘두르면서 춤을 춰.

흥겹게 춤추는 옴중 앞에 먹중 하나가 다가오네. 옴중을 찬찬히 살펴보던 먹중이 옴중 차림새를 놓고 이것저것 트집을 잡기 시작해.

"얘, 네 차림새를 보니 좀 이상한데 너 쓰고 있는 것이 뭐냐?"

*"이것으로 말허구 볼 지경이면 저 – 동대문 밖 떡전 거리를 가면 한 칠십 먹은 마나님이 녹두 서너 되 드르르 갈아서 솥뚜껑 젖혀 놓고 미나리김치 줄거리 숭덩숭덩 썰어 놓구 슬쩍 부쳐 뒤집어 논 젬병*같이 생겼지! 이 녀석아!"*

먹중은 그럼 한번 먹어 보자며 벙거지를 끌어당기는 거야. 옴중은 있는 대로 거드름을 피우면서 먹중더러 무식하다고 면박을 주어. 그런다고 또 꼬리 내리고 가만있을 먹중이 아니지. 옴중 얼굴을 자세히 보고는 어디서 옴을 옮겨 와서 수작이냐고 대드니, 옴중은 다 집어치우고 같이 노래나 해 보자는 거야. 둘은 같이 춤을 추면서 화해를 해.

* **젬병** : 전병. 찹쌀가루나 밀가루를 둥글넓적하게 부친 음식.

3과장

연잎과 눈끔적이

연잎과 눈끔적이가 부채로 얼굴을 가리고 나타나. 연잎은 푸른 고깔을 쓰고 푸른 띠를 띠었고, 눈끔적이는 붉은 고깔을 쓰고 붉은 띠를 띠었지. 신나게 춤을 추던 팔먹중 가운데 하나가 다가가서 살피는데, 갑자기 연잎이 부채 밖으로 얼굴을 쑥- 내미니 먹중이 깜짝 놀라 달아나네. 대체 어떻기에 저러나 싶어 다른 먹중들도 차례로 연잎한테 다가갔다가는 그대로 기겁을 하고 달아나.

완보가 가만히 살펴보니 명색이 연잎하고 눈끔적이라 신과 같은 존재인데, 얼굴에 흠이 있다 보니 벼슬도 못하고 외롭게 허송세월을 보내는 처량한 처지거든. 안된 마음에 자기가 벗 삼아 놀아 주마 하니 연잎과 눈끔적이는 반가워하며 타령장단에 맞추어 함께 춤을 추지.

어느새 도망갔던 팔먹중도 다시 나와 다 같이 어울려 한바탕 춤판을 벌여.

4과장

팔먹중

북놀이 – 곤장놀이 – 침놀이

4과장

팔먹중

1경 북놀이

먹중 하나가 북을 멘 채 굿거리장단에 춤을 추면서 나오는데, 그 뒤로 먹중 하나가 따라 나와. 따라 나온 먹중이 북을 치려고 하자 앞서 나온 먹중은 사방으로 빵빵 돌면서 못 치게 하며 약을 올리지. 한참 둘이 실랑이를 벌이고 있는데, 왜장녀가 딸 애사당을 데리고 나오네. 애사당을 본 먹중은 그만 한눈에 반해 버렸지 뭐야. 넋을 잃고 애사당을 바라보는 먹중한테 왜장녀는 돈을 주면 같이 놀게 해 주겠다고 손짓을 보내지. 얼씨구나, 먹중은 왜장녀한테 돈 꾸러미를 주고는 애사당이랑 같이 법고를 치면서 한바탕 즐겁게 놀아.

2경 곤장놀이

먹중 다섯이 춤을 추고 있는데, 완보가 곤장을 메고 나와. 완보가 먹중들한테 너희는 도대체 뭘 하는 놈들이냐고 물으니 먹중들은 저-기 강원도 금강산에서 내려온 중이라고 하지 않겠어? 쯧쯧, 불도를 닦아야 할 중이 산을 내려와 술에 취해 비틀거리고 있으니 이게 무슨 꼴이냔 말이야.

완보가 먹중들한테 이제부터는 마음을 고쳐먹고 염불 공부를 하자고 해. 만일 틀리는 놈이 있으면 곤장으로 혼이 나도록 몹시 때리겠다고 으름장을 놓지. 먹중 하나가 자기는 못하겠으니 놀러나 갈란다고 하자 완보가 곤장으로 때려 내쫓아. 그래도 먹중들의 마음을 바꾸기는 힘든 모양이야. 또 다른 먹중 하나가 나머지 먹중들한테 수염이 석 자라도 먹어야 양반이라며 그냥 술이나 먹고 놀자고 꼬이니, 먹중들이 옳다구나! 하고는 염불 공부는 집어치우고 함께 어울려 춤추며 노는구나.

3경 침놀이

팔먹중이 춤을 추고 노는데 갑자기 먹중 하나가 쓰러져. 다른 먹중 하나가 말하기를, 산대놀이가 신이 나서 밥도 굶은 채 춤추고 놀더니 그만 쓰러졌다는 거야. 팔먹중 가운데 가장 아는 것이 많은 완보한테 맥을 좀 봐 달라고 했더니, 신이 너무 많아 신명이 막혀 쓰러진 것 같다나? 신명 푸는 데는 〈백구타령〉이 제일이라며 다 죽어 가는 사람 눕혀 놓고 〈백구타령〉을 부르기 시작하는데, 그것참.

백구야 훨훨 날지 마라
너를 잡을 내 아니다
성상이 버렸으니
너를 쫓아 예 왔노라
나물 먹고 물 마시고
팔을 베고 누웠으니
대장부 살림살이
이만하면 넉넉한가

아무리 노래를 불러도 깨어날 기미가 없거든. 그래서 이번엔 건넛마을에 사는 의원 신주부를 불러다 침을 놓으니 죽은 듯 누워 있던 먹중이 벌떡 일어나지 않겠어? 신명에 체한 게 아니라 술과 음식에 체했던 거지.

팔먹중은 기뻐하면서 다시 타령장단에 맞추어 춤추고 놀아.

5과장

노장

파계승놀이 — 신장수놀이 — 취발이놀이

5과장 노장

1경 파계승놀이

팔먹중이 춤을 추면서 노는데, 저기 놀이마당 한가운데에 뭔가가 널브러져 있거든. 비린내인지 구린내인지 생선 썩는 것 같은 지독한 냄새가 코를 찌르는 걸로 보아 저것이 아마도 생선이로구나 싶었지. 자기들끼리 대가리는 내 차지라는 둥, 토막을 쳐서 먹자는 둥 떠들어 대면서 생선 먹을 생각에 군침을 흘리는 거야. 생선 보고 침 흘리는 중이니 팔먹중도 제대로 된 중은 아닌가 봐.

그런데 먹중 하나가 가까이 가서 살펴보고 오더니 생선이 아니라 뒷절 스님이라네. 다 늙은 중이 절간에서 염불이나 욀 것이지 속세에는 왜 내려왔을까? 머리를 맞대고 나름대로 온갖 추측을 하던 먹중들은 노장도 사람인지라 속세의 유혹을 이기지 못하고 놀러 온 걸 알아채고는 야유를 하더니 사라져.

팔먹중이 사라진 자리에 이번에는 소무 둘이 나와. 노장 둘레를 돌면서 사뿐사뿐 춤을 추니 죽은 듯이 엎드려 있던 노장 눈이 번쩍 뜨일 수밖에. 눈앞에 아른거리는 것이 사람인가 선녀인가 싶지.

에라, 모르겠다. 계율이고 체면이고 훨훨 다 벗어 던지고 소무 둘을 꾀느라 이쪽저쪽으로 부지런히 왔다 갔다 하며 온갖 수작을 다 하는데, 세수하고 양치하고 거울 꺼내 치장하고 기어이 염주까지 벗어 소무들 목에 걸어 주는구나. 소무들도 노장의 정성에 마음이 끌렸는지 결국엔 노장과 어울려 춤추고 놀아.

2경 신장수놀이

신장수는 장마다 돌아다니면서 신을 파는 떠돌이 장사치야. 원숭이를 데리고 다니면서 재주를 부리게 해서 손님을 끌어모으지.

오늘도 손님이 없어 공치고 앉았는데, 건너편에 거무튀튀 울긋불긋 노르족족 파릇파릇한 게 보여. 저게 뭔가 싶어 얼굴을 들이대며 다가갔더니 노장이라. 놀란 노장은 들고 있던 부채로 신장수 얼굴을 탁 때리지. 아이고, 내 평생에 남한테 맞아 보기는 처음이구나 하고 발끈하는데 노장이 신을 두 켤레 달라고 손짓하는 거야. 아마도 옆에 있는 소무들한테 주려는가 봐.

어쨌든 간에 신장수는 신을 두 켤레씩이나 팔게 되었으니 맞은 것도 잊고 신이 났지. 그런데 웬걸, 노장은 아예 신값을 떼먹을 심사인 거야. 안달이 난 신장수는 원숭이한테 신값을 받아 오라고 시키지만 원숭이는 빈손으로 돌아오네. 화가 난 신장수는 애꿎은 원숭이한테 분풀이를 하고 때려서 쫓아내 버려.

3경 취발이놀이

취발이가 잔뜩 취해 비틀비틀 하면서 놀이마당에 나와. 어디선가 지독한 냄새가 흘러오길래 따라가 보니 늙은 중이 소무를 둘씩이나 데리고 놀고 있거든. 평생 장가도 못 가고 절에서 허드렛일이나 하고 살아온 취발이가 그 꼴을 보니 낯도 뜨겁고 성도 나겠지. 이놈의 노장, 나쁜 버릇을 단단히 고쳐 놓으마 으름장을 놓으면서 노장한테 덤벼드니, 노장은 겁을 먹고 소무 뒤에 숨었다가 소무 하나를 들쳐 업고 도망을 치네. 취발이는 남은 소무를 꾀어 함께 춤추고 놀아. 어느새 소무는 배가 불러 취발이 아이를 낳는데, 생김새가 취발이랑 꼭 닮지 않았겠어? 취발이는 매우 기뻐하면서 아이 이름을 마당쇠라 짓고 기역 니은 글공부도 시키지.

6과장

샌님

의막사령놀이 | 샌님과 미얄할미 | 샌님과 포도부장

6과장

샌님

1경 의막사령놀이

샌님, 서방님, 도련님 양반 삼대가 산대놀이 구경을 나와 놀다 보니 어느새 날이 저물었어. 말뚝이를 불러다 잘 곳을 알아보라고 시키니, 말뚝이는 친구 쇠뚝이를 의막사령으로 정하고는 의막을 하나 구해 달라고 부탁을 하지. 평소에 하인을 개돼지 부리듯 부려 먹는 양반을 골려 줄 때는 이때다 하고 쇠뚝이는 돼지우리를 의막으로 정해. 그러면서도 말뚝을 박아 칸을 내고 돌담을 쌓고 문을 하늘로 내었으니 얼마나 좋은 의막이냐며 시침을 딱 떼는 거야. 말뚝이도 짐짓 모른 척하고는 쇠뚝이와 함께 "두우두우" 하며 양반들을 돼지우리 속에 몰아넣어 버리지.

2경 샌님과 미얄할미

전쟁 통에 헤어졌던 샌님의 마누라 미얄할미가 물어물어 영감을 찾아왔어. 하지만 이미 젊은 첩 소무와 재미있게 살고 있던 영감이 늙고 초라한 할미를 보고 반가워 할 리가 있겠어? 할미는 할미대로 마음이 상했지. 영감을 찾아 방방곡곡을 헤매느라 허리는 꼬부라지고 칡뿌리며 도토리로 겨우겨우 연명하며 온갖 고생을 한 탓에 얼굴에는 독이 올라 진물이 질질 나고 딱지도 더덕더덕 앉았어. 그런데 영감은 젊은 첩과 세상 걱정 없이 놀고 있는 꼴을 보니 속이 상할 수밖에. 와락 소무한테 달려들어 싸움을 걸지만 젊고 힘 좋은 소무한테 늙은 할미가 이길 턱이 있나? 영감마저 싸움을 말리는 척하면서 은근슬쩍 소무 편을 드니 서럽기가 그지없지. 할미한테서 소무를 떼어 낸 샌님은 뒤 한번 안 돌아보고 소무를 데리고 가 버리니 혼자 남은 할미는 처량하게 다시 떠나고 말아.

3경 샌님과 포도부장

미얄할미를 내쫓은 샌님과 소무가 굿거리장단에 맞추어 춤을 추며 놀고 있으니 이번에는 포도부장이 나타나. 포도부장이 젊은 기운과 권력을 뽐내며 소무를 빼앗으려 하니 샌님은 온갖 소원 다 들어주마고 소무를 붙잡지. 포도부장이 손목을 잡아끌며 같이 가자고 하니 소무는 싫다고 고개를 살래살래 흔들어. 샌님은 거봐라 흥이 나서 춤추며 노래를 하는구나.

백발 보고 웃지 마라
어제 청춘이 꿈만 같다……

타령장단에 맞추어 멋들어지게 춤을 추는 샌님을 보자니 포도부장도 젊은이 자존심에 이대로 포기할 수는 없겠거든. 벌떡 일어나 소무한테 다가가더니 내일 모레면 죽을 늙은이 따라가면 무엇하느냐? 나하고 살면 아들딸 낳고 온갖 호강 다 하며 재미있게 살 터인데 하며 결국은 꾀어내지.

샌님이 어차피 헤어지는 마당에 마지막으로 손이나 한번 잡아 보자 애걸해서, 내미는 손을 덥석 잡고 보니 그것도 소무 손이 아니라 포도부장 손이라. 샌님은 무릎을 치며 서러워하지만 별수 있나. 늙고 불쌍한 미얄할미를 쫓아내더니 벌을 받아 자기도 똑같이 처량한 신세가 된 거지 뭐야.

7 과장

신할아비와 신할미

호호백발로 늙은 신할아비가 굿거리장단에 맞추어 춤추며 나오는데 그 뒤를 따라 똑같이 호호백발로 늙은 신할미가 나오는구나.

신할아비가 신할미를 돌아보며

"왜 이렇게 졸졸 따라다니느냐?
더 살고 싶어도 너 뵈기 싫어 못살겠다.
제발 좀 없어져라, 얼른 죽어라 죽어."

아주 대놓고 구박하니 이 말을 들은 신할미가 그만 비슬비슬 쓰러지네. 평생 수발을 든 영감한테서 그런 모진 말을 들었으니 그만 탁 가슴이 막혀 죽고 만 거야.

놀란 신할아비는 급히 아들딸을 불러들였어. 아들 도끼와 딸 도끼누이가 상복으로 갈아입고 무당을 불러 어머니의 넋을 위로하는 지노귀굿을 올려.

죽은 신할미는 무당의 입을 빌려 자식들한테 서러운 넋두리를 늘어놓지.

해서탈춤

강령 봉산 해주 같은 황해도 지방의 여러 고을에서 단옷날 놀던 탈춤이다. 큰 장이 서는 곳에서 구경꾼을 모아 놓고 했는데 나쁜 기운을 쫓거나 복을 빌기보다는 나 함께 즐기는 놀이로서 내려온다.

봉산탈춤
강령탈춤

봉산탈춤 이야기

해서탈춤은 황해도 지방 사람들이 놀던 탈춤이야. 봉산을 중심으로 서쪽 지방인 송화와 은율, 동남쪽 지방인 서흥과 평산, 해안 지방인 해주와 강령 들에 사는 사람들이 많이 놀았지. 이들 지역에는 농산물이나 수공업 생산물을 사고파는 큰 장터가 있었기 때문에 자연스레 탈놀이가 발전할 수 있었을 거라고 봐. 실제로 황해도에서는 장터마다 한 해에 한 번씩은 놀이패를 불러 탈춤을 크게 놀았다고 해.

해서탈춤은 보통 단옷날 저녁에 놀았어. 예로부터 북쪽 지방에서는 곡식 씨앗을 심고 모내기하기 전에 한숨 돌릴 수 있는 단오가 추석 못지않게 큰 명절이었거든. 낮에는 그네 타고 씨름하며 놀다가 밤에는 모닥불을 피우고 탈놀이를 벌여 새벽까지 춤추며 놀았지.

해서탈춤은 서울, 경기 지방의 산대놀이 영향을 많이 받았어. 피리 둘, 해금, 대금, 장구, 북으로 이루어진 삼현육각으로 반주를 하고 염불장단, 타령장단에 맞추어 거드름춤, 깨끼춤 들을 추는 것은 물론 구성과 내용도 양주별산대놀이나 송파산대놀이와 많이 닮았어.

황해도 여러 지방에서 놀던 탈춤 가운데서 봉산탈춤, 강령탈춤, 해주탈춤, 이 셋이 가장 규모도 크고 실력도 뛰어났어. 이 가운데 일제 강점기인 1936년 백중 때 사리원 경암산에서 놀았던 봉산탈춤이 당시 경성중앙방송국의 제2방송을 통해 전국에 중계되면서 황해도 지방의 대표적인 탈춤으로 널리 알려지게 되었지.

그럼 봉산탈춤은 처음에 어떻게 시작됐을까? 거기 얽힌 이야기가 있으니 한번 들어 봐. 고려 말, 어느 절에 만석이라는 늙은 스님이 살고 있었대. 만석은 살아 있는 부처라고 불릴 만큼 사람들한테 큰 존경을 받았어. 만석이 아는 사람 가운데 행실이 좋지 못한 취발이라는 사람이 있었는데, 이 취발이란 놈이 무슨 심보에서였는지 만석한테 나쁜 물을 들여 웃음거리로 만들려고 용을 쓰다가, 끝내 아름다운 여자로 만석을 꾀어 타락하게 만드는 데 성공했지. 이것을 보고 어떤 뜻있는 사람이 불교가 잘못된 길로 가고 풍습이 어지러워지는 걸 막으려고 봉산탈춤을 만들어 냈다는 거야.

이런 이야기와 봉산탈춤이 초기에는 사월 초파일에 놀았던 것으로 미루어 불교에 바탕을 둔 종교적인 의식에서 비롯한 것임을 알 수 있어. 차차 신앙이나 종교 의식에서 벗어나 서민들이 한바탕 웃고 즐기는 놀이로 그 성격이 바뀌면서 단옷날에 놀게 되었던 거야. 그래서인지 탈의 색깔과 생김새가 강렬하고 몸짓도 아주 크면서 활발해. 울퉁불퉁 굴곡이 많은 원색 탈을 쓴 목중들이 알록달록한 더그레를 입고 하얀 한삼을 휘두르며 활달하게 춤추는 모습이 아주 화려하지.

봉산탈춤은 사상좌춤, 팔목중춤, 사당춤, 노장춤, 사자춤, 양반 말뚝이춤, 미얄할미 영감춤, 이렇게 일곱 과장으로 이루어져. 탈춤에 등장하는 배역은 모두 서른넷인데, 탈은 모두 스물여섯 개를 써. 목중탈을 거사가 쓴다거나 소무탈을 사당이 쓰는 것처럼 탈 하나를 여러 배역에 쓰기 때문이지. 처음에는 나무탈을 썼는데, 200여 년 전 인초목이라는 사람이 그때까지 쓰던 나무탈을 종이탈로 바꾸면서 지금까지 종이탈을 쓰고 있어. 놀이가 끝나면 탈을 모아 태우면서 고사를 지내지.

황해도의 여러 탈놀이 가운데서도 봉산탈춤이 크게 발달한 것에는 몇 가지 까닭이 있어. 먼저 봉산탈춤은 대표적인 단오놀이로 내려왔기 때문에 해마다 많은 사람들이 참여할 수 있었고 놀이에 쓸 비용도 넉넉했어. 단오놀이를 하려고 마을마다 돈을 추렴하고 부자나 상인들은 특별히 기부금을 내곤 했거든. 또 놀이꾼 가운데는 관아의 이속들이 많았어. 이속들은 벼슬아치들 밑에서 일하던 사람들이라 어느 정도 권력을 가지고 있었기 때문에 탈놀이에 힘을 보탤 수 있었지. 관아에서도 관아에서 일하는 악사 수십 명을 보내 격식을 갖춘 반주를 할 수 있게 하고, 탈춤 경연 대회도 열어 주었어. 해주에서는 해마다 단옷날이면 황해도 여러 지역의 놀이패들을 초청해 탈춤을 겨루게 했는데, 가장 잘한 놀이패한테는 해주 감사가 손수 상을 내렸어. 이런 바탕 위에서 봉산탈춤은 더욱 크게 발전할 수 있었던 거야.

봉산탈춤 [중요무형문화재 제17호]

1과장 **사상좌춤** 흰 장삼에 붉은 가사를 걸치고 고깔을 쓴 상좌 네 명이 사방신한테 재를 올리는 의식무를 춘다.

2과장 **팔목중춤**

1경 팔목중춤 목중 여덟이 차례로 나와 한 명씩 춤 자랑을 한다. 여덟째 목중이 춤을 끝내면 다른 목중들을 다시 불러들여 함께 춤을 춘다.

2경 법고놀이 목중 둘이 법고를 두고 말장난을 하다가 함께 법고춤을 추면서 논다.

3과장 **사당춤** 사당이 거사 등에 업혀 나오면 탈을 머리 위로 젖혀 쓴 거사 일곱이 장구, 북, 소고를 치면서 함께 노래를 부르고 논다.

4과장 **노장춤**

1경 노장춤 팔목중이 불도에 정진하던 노장을 꾀어낸다. 팔목중이 데려다 놓은 소무의 아름다움에 반한 노장은 파계를 하고, 소무한테 염주를 걸어 주며 어울려 춤을 춘다.

2경 신장수춤 노장한테 신을 판 신장수는 원숭이한테 신값을 받아 오라고 심부름을 보냈다가 신값 대신 받아 온 편지를 보고는 겁을 먹고 도망간다.

3경 취발이춤 소무를 차지하려고 춤 대결을 벌였다 이기지 못한 취발이는 힘으로 노장을 쫓아낸다. 소무는 취발이의 아이를 낳고 취발이는 아이한테 글을 가르친다.

5과장 **사자춤** 노장을 파계시킨 목중들을 벌하려고 하늘에서 사자가 내려온다. 목중들은 잘못을 뉘우치고 용서를 빈다.

6과장 **양반 말뚝이춤** 말뚝이가 양반 삼형제를 조롱하고 돼지우리로 몰아넣는다.

7과장 **미얄할미 영감춤** 영감과 미얄할미, 첩 덜머리집 사이에 싸움이 벌어지고 싸움 끝에 미얄할미가 영감한테 맞아 죽는다. 남강노인이 나와 죽은 할미의 넋을 달래는 지노귀굿을 해 준다.

목중

노장

취발이

소무

서방님

샌님

원숭이

신장수

종가도령

미얄영감

미얄할미

덜머리집

말뚝이

1 과장

사상좌춤

목중 하나가 상좌를 업고 달음박질쳐서 나와. 타령장단에 맞추어 놀이마당을 한 바퀴 돈 다음 악사 앞에 상좌를 내려놓고 나가면, 다른 목중들도 똑같이 상좌 셋을 차례차례 데려다 놓지. 상좌들은 모두 흰 장삼에 붉은 가사를 두르고 머리에는 고깔을 썼어.

상좌가 넷인 것은 동서남북 네 방위를 뜻하는 거야. 상좌 넷은 사방신한테 재를 올리는 춤을 추는데, 처음에는 느린 영산회상* 반주에 맞추어 사방치기춤을 추다가 조금 빠른 장단으로 바뀌면 둘씩 동서로 갈라서서 마주 보고는 서로 자리를 엇바꾸어 가며 춤을 추지.

흔히 상좌춤은 남자가 상좌탈을 쓰고 추기 마련인데, 봉산탈춤에서는 여자가 추는 것이 특이해. 본디 의식무에 바탕을 둔 상좌춤이 차츰 구경꾼들이 보기에 아름다운 춤으로 그 성격이 바뀐 거지.

* 영산회상(현악영산회상) : 거문고, 가야금, 해금 따위의 현악기에 대금, 세피리, 단소 따위의 관악기를 곁들여 연주하는 불교 음악.

2과장

팔목중춤

팔목중춤 ㅡ 법고놀이

2과장

팔목중춤

1경 팔목중춤

팔목중춤은 절에 살던 목중 여덟이 속세에 내려와 술을 마시고 노래와 춤을 즐기면서 한 사람씩 파계해 가는 모습을 춤으로 나타낸 과장이야.

첫째 목중부터 차례로 나와 강산의 아름다움을 재담으로 읊고는 타령장단에 맞춰 춤을 추는데, 오광대에서 말뚝이가 추는 것처럼 펄쩍펄쩍 힘찬 뜀뛰기를 하면서 활달하고 경쾌하게 추지. 목중들은 모닥불 위를 뛰어넘으면서 저마다 춤 솜씨를 뽐내. 여덟째 목중이 춤을 마치면 목중 여덟이 모두 나와서 신명 나게 춤을 춰.

2경 법고놀이

놀이마당 한가운데 놓여 있는 법고를 본 첫째 목중이 둘째 목중한테

"우리가 중이 아니냐, 벗구 놀아 보자!" 하거든.

"벗구 놀잔 말이가?"

"그래, 벗구 놀자."

"정말 벗구 놀자 하였다?"

어허, 거참 이상도 하구나. 벗고 놀자니. 둘째 목중은 몇 번을 되물으면서 옷을 하나씩 하나씩 벗지. 그러고는 엉거주춤 바지띠를 잡은 채

"벗구 놀자 놀자 하기로 자, 벗었다." 하네.

"이놈아, 벗구 놀자 하니까 옷을 홀딱 벗었구나. 이거 벗구 말이다."

어이쿠, 이를 어째. 첫째 목중은 법고를 벗구로 알았던 거야.

둘째 목중이야말로 기가 막힐 노릇이지.

"야, 이놈. 무식한 놈아, 이것은 북 고(鼓) 자 법고다."

목중 둘이 크게 웃고 나서 함께 어울려 법고를 치면서 놀아.

3과장

사당춤

거사들이 장구, 북, 소고를 치면서 놀이마당으로 나오는데, 사당은 화려하게 치장한 채 거사 등에 업혔어. 그 뒤를 따라 시래기 짐을 진 홀아비거사가 장단도 맞지 않는 춤을 추며 나와서는 예쁜 사당을 보더니 괜히 옷도 만져 보고 얼굴도 만져 보고 좋아서 어쩔 줄을 몰라. 거사들의 우두머리가 이를 보고는 맛 좀 봐라 하는 마음에 호령하지.

"술렁수우!"

"예에잇!"

거사들이 일제히 큰 소리로 대답을 하니, 그 소리가 얼마나 우렁찬지 홀아비거사는 놀라서 이리저리 도망갈 구멍을 찾다가 줄행랑을 쳐. 홀아비거사를 쫓아낸 거사들은 탈을 머리 위로 젖혀 쓰고 사당과 같이 어울려 놀량가*를 부르면서 한판 흐드러지게 놀아.

에에에야 에에월 네로구나 에라드야 에에야 에에월 네로구나
인간을 하직하고 청산을 들어를 간다 에에야 에에월 네로구나
봄철에 흐르는 물은 콸콸 쏟아져 내리고 기러기는 훨훨
큰 소나무 가지는 축 늘어져 와작지근 부러지고 줄기만 남았구나
지화자 조을시구나 얼시고도 좋다

* **놀량가** : 놀량. 황해도 평안도 지방의 산타령 가운데 첫째 곡. 일정한 장단이 없이 느리게 부른다.

4과장

노장춤

노장춤 — 신장수춤 — 취발이춤

4과장

노장춤

1경 노장춤

절을 나간 목중들을 찾으러 산에서 노장이 내려오는데, 목중들은 노장 역시 세속에 관심이 있음을 눈치채고는 주저주저 망설이는 노장을 꾀어 놀이판으로 이끌었어. 그러고는 소무를 노장 앞에 슬며시 데려다 놓았지. 팔목중이 사라지고 조용해지자 엎드려 있던 노장이 일어나 주위를 살피는데, 이게 웬일인가? 눈앞에 선녀같이 아름다운 여인이 춤을 추고 있거든. 관세음보살……. 노장은 민망한 듯 부채로 얼굴을 가리고 부르르 떨면서 땅에 엎드려. 하지만 이미 한눈에 마음을 뺏기고 말았지. 다시 일어난 노장은 부챗살 너머로 소무를 한참 바라보더니 뒷걸음으로 슬며시 소무한테 다가가 염주도 걸어 주고 춤도 추면서 자기 마음을 전하려고 갖은 애를 다 써. 살아 있는 부처라고 칭송받던 노장이 목중들의 장난으로 소무한테 빠져 파계를 하고 만 거야.

2경 신장수춤

신 짐을 짊어지고 벙거지를 쓴 신장수가 신을 팔아 보려고 장에 왔어. 하지만 신을 사라고 아무리 외쳐도 산다는 사람이 없네. 에이, 오늘은 공쳤구나 하고 다른 장으로 가려는 참에 노장이 나타나더니 소무한테 줄 신을 사겠다고 하는 거야. 신을 꺼내려고 짐을 끄르는데, 갑자기 짐에서 원숭이가 툭 튀어나오겠지. 신인 줄 알고 지고 나왔던 짐 보따리에 원숭이가 들어 있었나 봐. 깜짝 놀란 신장수가 가만히 보니 옛날에 선친이 중국 사신으로 다녀올 때 사 왔다던 원숭이란 짐승이라. 처음 보는 짐승이라 신기하기도 하려니와 사람처럼 영리하다고 하니 어디 한번 심부름이나 시켜 보자 하고 노장한테 신값을 받으러 보내지. 그런데 원숭이는 신값 대신 노장이 쓴 편지 한 장만 달랑 들고 둘레둘레 걸어오네.

'신값을 받으려면 장작전 뒷골목으로 오너라.'

어이쿠! 신장수는 돈을 받기는커녕 노장한테 장작 패듯 맞겠구나 싶어 원숭이를 데리고 얼른 도망을 쳐.

3경 취발이춤

술 잘 먹고 놀기 좋아하고 돈 많고 힘 좋은 한량 취발이가 비틀걸음으로 나오더니 노장과 소무가 다정하게 놀고 있는 꼴을 보고는 시비를 걸어. 중이 산중에서 불도나 닦지 어찌 여자를 데리고 놀고 있느냐 노장을 꾸짖고는 소무를 뺏을 생각으로 노장한테 내기를 하자고 하네. 둘이 타령장단에 맞추어 춤 대결을 벌이는데 취발이가 노장을 못 당하겠는지라, 결국은 노장을 때려서 멀리 쫓아 버려. 노장이 가 버린 뒤 눈물을 흘리며 새침하게 구는 소무한테 취발이가 엽전 꾸러미를 주어 환심을 사고는 함께 어울려 춤을 추지.

춤을 추던 소무가 배앓이를 하더니 아이를 낳네. 취발이는 기뻐하며 아이 이름을 마당쇠라고 짓고는 천자문도 가르치고 언문 뒤풀이도 하는구나.

기역 니은 디귿 하니 기역 자로 집을 짓고
니은같이 살쟀더니 디귿같이 벗어난다
가갸거겨 가이없은 이내 몸은 거지없이 되었구나
고교구규 고생하던 이내 몸이 고구하기 짝이 없네
나냐너녀 날아가는 원앙새야 너와 내가 짝을 지어
노뇨누뉴 노류장화 인개가절 누구로 말미암아 생겨났는고

5과장

사자춤

"짐승 나왔소!"

팔목중이 놀라 소리치며 우르르 뛰어나오는데, 그 뒤로 사자가 잡아먹으려는 기세로 바짝 뒤따라 나와. 쫓고 쫓기다가 목중 하나가 사자와 딱 마주쳤지.

"이 짐승이 무슨 짐승이냐? 어디 한번 물어보자. 우리 조상 적부터 못 보던 짐승이로구나. 노루냐?"

사자는 입맛을 다시면서 고개를 설레설레 흔들어.

"그럼, 노루도 아니고 사슴이냐?"

"아, 사슴도 아니야. 그럼 범이냐, 네 할아비냐?"

목중이 온갖 짐승 이름을 대며 물어도 고개를 설레설레 젓던 사자가

"문수보살이 타고 다니던 사자냐?" 하고 묻자 그제야 고개를 끄덕여.

사자가 여기는 웬일로 왔나 싶어

"풍악 소리 반겨 듣고 우리랑 한바탕 놀려고 왔느냐?"

"석가모니 부처님의 명령으로 생불이라 존경받는 우리 스님 모시러 왔느냐?"

이것저것 다 물어도 또 고개를 설레설레 다 아니라고 하니 답답할 노릇이지.

"온 세상이 생불이라 이르던 스님을 꾀어 파계시켰다고 석가모니 부처님이 우리를 벌하려고 너를 보내시더냐?"

그제야 사자가 머리를 끄덕끄덕하거든.

"너는 우리가 스님을 꾀었다고 모조리 다 잡아먹으려 하느냐?"

사자가 또 머리를 끄덕끄덕하니 이거 정말 큰일 났구나.

벌벌 떨던 목중들은 훌륭한 중이 되어 부처님을 잘 섬길 터이니 용서해 달라고 빌고, 너그럽게 용서한 사자는 목중들과 어울려 한바탕 춤을 추지.

6과장

양반 말뚝이춤

말뚝이가 앞서서 채찍을 휘두르며 장단에 맞춰 춤을 추고 나오면 그 뒤로 양반 삼형제가 양반 행세 하느라 엉거주춤 갈지자걸음으로 춤을 추며 나오는데, 이 양반들 생김새 한번 희한하네. 맏양반 샌님은 두 줄 언청이, 둘째양반 서방님은 한 줄 언청이에다 셋째양반 종가도령은 입이 홱 돌아갔어.

"양반 나오신다아! 양반 나오신다아! 거 양반이라니 장원 급제 하여 옥당, 승지, 삼제학 다 지내고 이조, 호조, 병조, 예조, 형조, 공조 육판서 다 지낸 그런 양반인 줄 알지 마시오. 개잘량의 양 자에 개다리소반의 반 자 쓰는 그 양반이 나오신단 말이오."

말뚝이가 양반 계급을 돈으로 샀으면서도 양반이랍시고 온갖 거드름을 피우는 주인을 개에 빗대어 놀리니 이 말을 들은 양반들이 가만있을 리가 있나.

"이놈아, 무엇이 어쩌고 어째?"

"아, 어찌 들었는지 모르겠소. 옥당, 승지, 삼제학, 삼정승, 육판서 다 지낸 노론 소론 양반 이 생원님네 삼형제분이 나오신다 했소."

"흐흐흐, 노론 소론 양반 이 생원이라네."

지조 없이 노론 소론 다 지냈다는 게 욕인 줄도 모르고 무식한 양반들은 양반 생원이라는 말에 그저 좋아서 또 시시덕거리는 거야.

샌님이 말뚝이더러 실컷 놀았으니 이제 잘 곳을 마련하라 이르니 말뚝이는 아주 좋은 곳이 있다면서 양반들을 돼지우리로 몰아넣네. 말뚝이 말솜씨에 또 깜박 속아 넘어간 양반들은 좋은 곳에 왔으니 시조나 한번 읊어 보자 하고는 엉터리 시조를 주거니 받거니 하며 즐거워하지.

7 과장

미얄할미 영감춤

난리 통에 헤어진 영감을 찾아 전국 방방곡곡을 헤매던 미얄할미는 고생 끝에 영감을 만나 얼싸안고 춤을 춰. 하지만 반가운 것도 잠시, 영감 행색을 자세히 보니 그 꼴이 초라하기 짝이 없거든.

"머리에는 통영갓 대모풍잠 대신 개가죽 관이요, 일광단, 월광단으로 지어 준 여름옷 겨울옷 다 어디 두고 중의 춰베 장삼은 웬 것이며, 명주처럼 뽀얗던 얼굴은 왜 이리 비쩍 말랐는고?"

할미가 탄식하자 영감은 도리어 큰소리치고는 자식들 안부를 묻네. 할미는 한숨을 내쉬며 나무하러 산에 갔다 호랑이한테 물려 갔다고 해. 영감은 옳거니! 싶어 자식까지 다 죽여 놓은 너하고는 못 산다며 헤어지자는 거야.

할미가 가만 보니 영감이 젊은 첩 덜머리집*한테 빠져서 자기를 구박하는 게 분명한 거라. 영감 옆에 선 덜머리집한테 달려들어서는 너 죽고 나 살자고 마구 때리기 시작해. 덜머리집이 울음을 터뜨리자 영감이 덜머리집을 감싸면서 도리어 미얄할미를 때리네. 할미는 하도 기가 막혀 악을 쓰다가 그만 쓰러져 죽고 말아.

"아, 이 할멈 죽었나? 아따, 성질이 급하기도 급한 게 가랑잎에 불붙기로구나. 좋은 약이 세상에 가득한데 약 한 첩 못 써 보고 죽었으니, 이런 기막힐 데가 어디 있나." 하고 너스레를 떨던 영감은 덜머리집이 다가와 아양을 떨자 아무 일 없었던 듯 어울려 춤추고 놀지.

남강노인이 나타나 억울하게 죽은 할미의 넋이나마 풀어 주려고 무당을 불러 지노귀굿을 해.

* 덜머리집 : 용산삼개덜머리집. 봉산탈춤에서는 '덜머리집', 강령탈춤에서는 '용산삼개집' 으로 부른다.

강령탈춤 이야기

강령탈춤은 봉산탈춤과 함께 황해도 지역을 대표하는 탈춤이야. 봉산탈춤과 비슷하게 200년쯤 전에 시작된 것으로 짐작하지만, 일제 강점기인 1939년 서울에서 첫 공연을 하면서 비로소 널리 알려졌어. 강령탈춤이 오늘날과 같은 모습을 갖추기 시작한 것도 그 무렵이야. 육이오 전쟁으로 잠시 끊겼다가 남녘으로 내려온 몇몇 놀이꾼들이 모여 서울에서 다시 놀기 시작했다지.

강령은 300채 남짓 되는 집이 있고, 사람들은 주로 농사를 지으며 살던 작은 읍이었어. 흔히 탈춤은 교통이 편리하고 시장이 크게 들어서서 온갖 사람들이 모이는 곳에서 발달하기 마련인데, 강령탈춤은 어떻게 그런 환경 속에서 생겨나고 발전할 수 있었을까?

강령탈춤은 먼저 강령과 80리 남짓 떨어진 해주에서 도움을 많이 받았어. 해주는 감영이 있는 큰 마을이었던 데다가 지역 특산물이 모이다 보니 여러 사람을 모아 놓고 탈놀이하기에 좋았거든. 이곳 교방에서 춤추고 노래하던 사람들과 해주 감영의 통인청을 중심으로 모이던 놀이패가 경술국치 뒤에 흩어지면서, 그 가운데 얼마가 강령으로 건너오게 됐어. 마침 강령에서 가까운 곳에 놀이패가 모여 사는 큰 동네가 있어서, 이 놀이패들의 도움을 받아 신명이 넘치는 강령 사람들과 함께 새로운 놀이패를 만들었대.

한편 김금옥이라는 사람도 강령탈춤이 자리 잡는 데 큰 구실을 했다고 해. 김금옥은 관아에서 춤과 노래를 하던 이름난 기생이었어. 나이가 들어 자리에서 물러나고 고향인 강령으로 돌아왔는데, 같이 일을 하던 많은 사람들이 강령으로 따라 모여들어 강령탈춤을 만드는 데 힘을 보탰다고 해.

강령탈춤은 주로 단오 때에 시장이나 학교 운동장 같은 곳에서 놀았어. 놀이에 앞서 먼저 놀이패가 깃발을 앞세우고 마을을 한 바퀴 도는데, 잘사는 집에 가서는 걸립을 하기도 해. 길놀이가 끝나고 놀이마당에 닿으면 탈을 모아 놓고 고사를 지낸 다음 탈놀이를 시작하지.

사자춤, 말뚝이춤, 목중춤, 상좌춤, 양반 말뚝이춤, 노승 취발이춤, 미얄영감 할미춤으로 이루어지는 일곱 과장은 봉산탈춤처럼 삼현육각 반주에 맞추어 춤을 춰. 하지만 봉산탈춤이 화려한 원색 옷을 입은 채 한삼 소매를 휘어잡았다 뿌리는 활달한 깨끼춤을 추는 것과는 달리, 강령탈춤은 칙칙하고 무거운 느낌을 주는 칡베 장삼을 입고는 땅에 닿을 만큼 긴 소매를 고개 너머로 휘두르며 느릿느릿 움직이는 장삼춤을 추지.

강령탈춤도 다른 해서탈춤들과 마찬가지로 단오놀이로 놀았어. 그리고 이튿날부터 8일까지는 해주 감영에서 벌이는 탈춤 경연 대회에 나가 여러 지역에서 모인 놀이패와 실력을 겨루기도 했지. 그런데 단오로부터 열흘쯤 지난 뒤 뒤풀이라는 이름으로 다시 한번 놀이판을 벌이는 것은 강령탈춤에서만 내려오는 전통이야. 옛날에는 이 뒤풀이가 끝나면 모든 탈을 모아 태웠다지만, 오늘날에는 잘 두었다가 다시 쓰기도 해.

강령탈춤에서는 사자도 둘, 말뚝이와 마부도 둘씩 나와. 특히 말뚝이가 둘 나오는 것은 우리나라 탈춤 가운데 강령탈춤뿐이야.

탈은 말뚝이, 사자, 원숭이, 목중, 상좌, 마부, 맏양반, 둘째양반, 재물대감, 도령, 영감, 노승, 취발이 들로 모두 스물한 개를 써. 그 가운데 말뚝이탈을 팔목중이, 소무탈을 용산삼개집이 같이 쓰기도 해. 탈은 모두가 종이탈인데, 색깔이 강렬하고 대담하게 생긴 봉산탈에 비해 사람 얼굴을 많이 닮은 온화하고 소박한 모습이지.

강령탈춤 [중요무형문화재 제34호]

1과장 **사자춤** 사자 두 마리가 나와 마주 서서 크고 힘차게 춤을 춘다. 마부도 채찍을 휘두르며 사자 둘레를 돌면서 신명 나게 춤을 추고, 원숭이도 재롱을 부려 구경꾼의 흥을 돋운다.

2과장 **말뚝이춤** 말뚝이 둘이 놀이마당 가운데에서 마주치는데, 서로가 똑같은 모습인 걸 보고 놀란다. 힘차게 춤을 추면서 용감함과 우월함을 겨루다가 화해하고 함께 춤을 춘다.

3과장 **목중춤** 첫째 목중이 칡베 장삼에 붉은 띠를 두르고 나와 춤을 춘다. 이어 똑같은 차림을 한 둘째 목중이 나와 첫째 목중을 쫓아내고는 중타령을 부르고 염불을 외면서 춤을 춘다.

4과장 **상좌춤** 흰 고깔과 장삼 차림에 긴 염주를 목에 건 상좌 둘이 잡귀를 쫓는 춤을 춘다.

5과장 **양반 말뚝이춤** 맏양반과 둘째양반이 서로가 양반답지 못하다며 나무라고 재물대감과 도령 역시 양반답지 못한 짓만 한다. 말뚝이 둘이 나와 양반들을 비웃고 놀리면서 춤을 춘다.

6과장 **노승 취발이춤**

1경 **팔목중춤** 목중 여덟이 차례로 나와 춤을 추다가 한쪽 구석에 엎드려 있는 노승을 발견한다. 노승한테 풍류 좋은 곳으로 가자고 꾀어서 소무가 있는 곳으로 데리고 간다.

2경 **노승춤** 소무를 보고 아름다움에 넋이 빠진 노승은 소무 마음을 얻으려고 온갖 애를 다 쓴다.

3경 **취발이춤** 노승과 소무가 즐겁게 노는데 취발이가 나타나 호통치며 노승을 쫓아내고 소무를 차지한다. 둘 사이에서 아들이 태어나고 취발이는 아들 자랑을 하며 둥둥타령을 부른다.

7과장 **미얄영감 할미춤** 헤어졌던 영감과 다시 만난 미얄할미는 영감이 데리고 살던 용산삼개집의 괄시와 영감의 구박에 견디지 못하고 쫓겨나다시피 집을 나가 강물에 몸을 던진다. 남강노인이 할미의 짚신과 유서를 갖고 와 영감한테 전해 준다.

맏양반
재물대감
둘째양반
도령
소무
마부
목중
취발이
말뚝이
노장
원숭이
미얄할미
미얄영감
용산삼개집

1과장

사자춤

사자 두 마리가 나와 부르르 털을 털고서는 마주 보고 장단에 맞추어 춤을 춰. 머리를 끄덕이기도 하고 모둠발로 쿵쿵 뛰기도 하고 이리저리 비틀거나 꼬면서 말이야. 점점 흥이 나면 사자는 서서 춤을 추기도 하지. 사자 앞쪽을 맡은 사람이 뒤쪽을 맡은 사람 어깨 위에 올라서면 마치 사자가 뒷발로 우뚝 일어선 것처럼 보이는데, 그 모습이 나쁜 귀신을 모조리 쫓아낼 것처럼 아주 기세등등해.

사자춤은 잡귀를 쫓는 의식무에서 시작되었지만, 오늘날에는 길놀이가 끝나고 탈놀이가 시작되는 것을 알리는 춤으로 즐기게 되었지. 그래서인지 사자 얼굴도 험상궂거나 무섭지 않고 익살스럽고 친근한 느낌이야.

강령탈춤에서는 다른 탈춤과는 달리 사자가 두 마리 나오고 사자와 함께 마부와 원숭이도 둘씩 나와. 마부는 사자 둘레를 돌면서 채찍을 휙휙 휘둘러 사자를 부리고 소맷자락을 흩날리며 흥겹게 춤도 춰. 원숭이는 이리저리 돌아다니면서 귀여운 춤사위로 재롱을 부려 구경꾼들의 흥을 돋우지.

2과장

말뚝이춤

말뚝이 둘이 놀이마당 양쪽에서 달음박질해 나오다가 한가운데서 딱 마주쳤어. 머리에는 꽃 달린 패랭이를 쓰고 알록달록 화려한 더그레를 입었지.

아니, 이게 누구야? 자기랑 똑같은 얼굴에 차림새까지 똑같은 녀석이 코앞에 떡 버티고 서 있거든. 둘 다 깜짝 놀라 후다닥 도망을 치지만 암만 해도 어떤 녀석인지 궁금하기 짝이 없어. 슬금슬금 다가가 서로 모습을 살피고 또 갈라서서 놀이마당을 한 바퀴 빙그르르, 다시 다가가 이리저리 살피더니 그제야 한 걸음 뒤로 물러서서 춤을 추기 시작해.

말뚝이 둘은 곤장, 한삼, 채찍을 쓰면서 도드리장단, 타령장단에 맞추어 빠르고 힘차게 춤을 추며 누가 더 잘 추고 용맹한지를 겨루는데, 춤추는 모습까지도 거울을 보듯 똑같아.

한참 동안 춤을 겨루던 말뚝이 둘은 오래전에 한 주인을 섬기며 같이 일했던 사이인 것을 뒤늦게 알고서는 기쁨에 가득 차서 함께 춤을 추어.

'첫목춤' 이라고도 하는 말뚝이춤은 강령탈춤 가운데 가장 힘차고 움직임이 큰 춤이야. 육 척이나 되는 커다란 곤장을 양손으로 잡고 들어 올렸다 내렸다 하며 힘차게 발을 놀리면서 추는 춤은 젊고 기운 넘치는 남자와 닮았어. 못된 양반들을 이기고 싶었던 서민들의 마음이 이 춤 속에 그대로 담겨 있지.

여느 탈춤과는 달리 말뚝이가 둘씩이나 나오는 것도 말뚝이의 역할을 강조함으로써 서민들의 이러한 마음을 더욱 강하게 드러낸 것으로 볼 수 있겠지?

3 과장

목중춤

칡베 장삼에 붉은 띠를 띠고 머리에는 송낙을 쓴 첫째 목중이 달음박질로 나오는데, 술이 거나하게 취해 "헤가리 헤가리 쉬잇!" 하고 이상한 소리를 내지. 휘익 놀이마당을 한 바퀴 돌고 나서 도드리장단에 맞춰 춤을 추더니

"나로 말할 것 같으면 도를 닦는 중도 아니요, 동냥하는 중도 아니요,
*남악산 제일 높은 봉우리에서 도를 닦는 육이 화상*의 제자로서,*
남해 용궁에 심부름 갔다가 용왕한테서 술대접을 받고 산으로 돌아가는 길에
시냇가 좁은 돌다리 위에서 어여쁜 팔선녀를 마주치자 유혹을 이기지 못하고
어울려 놀아, 죄를 지어 산으로 돌아가는 길이 막혀 속세로 내려와 도를 닦으며
여러 사람을 위한 공덕을 쌓고 있소이다."

자기 자랑을 하는 거야. 중이 지켜야 할 계율을 어겼으면서도 거드름을 피우며 잘난 체하는 당당한 모습이라니.

이때 갑자기 첫째 목중과 똑같은 차림을 찬 둘째 목중이 "헤가리 헤가리" 하면서 나타나더니 첫째 목중을 때려서 내쫓아. 둘째 목중은 중이라면 어디서든 염불을 외어야 한다면서 중타령을 부르며 신나게 춤을 춰.

중 내려온다 중 내려온다
저 중의 호사 봐라 칡베 장삼에 송낙을 쓰고
단주 손에 들고 염주 목에 걸고 거들거들거리고 내려온다……

* 육이 화상 : 김만중이 지은 소설《구운몽》에 나오는 육관 대사의 별칭인 육여 화상을 잘못 말한 것.

4과장

상좌춤

흰 장삼에 붉은 가사를 어깨에 걸치고 흰 고깔을 쓴 상좌 둘이 양쪽에서 천천히 걸어 나와. 놀이마당 가운데서 둘이 적당한 거리를 두고 마주 서서는 춤추기 시작해. 처음에는 염불 도드리장단에 맞추어 느리고 부드럽게 추는데, 희고 긴 소맷자락을 흩뿌리며 만드는 곡선이 깨끗하면서도 아름답기 그지없어. 이어서 보다 빠른 타령장단, 굿거리장단으로 바뀌면 반주에 맞추어 경쾌하게 춤을 추는데, 흥과 멋이 한층 더 어우러지지.

상좌춤도 다른 탈춤에 나오는 사자춤과 마찬가지로 나쁜 귀신을 쫓거나 놀이의 시작을 알리는 의식무야. 하지만 봉산탈춤에서는 첫 과장에 상좌 넷이 나와 사방신한테 재를 올리는 춤을 추는 데 비해, 강령탈춤에서는 상좌가 둘로 줄어들고 차례마저 뒤로 간 것으로 보아 상좌춤이 갖는 의식무로서의 뜻은 약해지고 보고 즐기는 춤으로 자리 잡아 가는 모습을 볼 수 있어.

5과장

양반 말뚝이 춤

맏양반과 둘째양반 두 형제가 양반의 근본에 대해 이야기하는데, 맏양반은 아우의 하는 짓이 양반답지 못하다고 꾸짖고, 둘째양반은 형은 양반이라면서 웬 개가죽 관을 쓰고 있느냐면서 서로 상놈이라고 욕을 하며 다투어. 맏양반이 셋째인 재물대감을 불러들여 양반의 근본을 묻고자 하는데 웬걸, 양반이라는 자가 거지들이나 하는 장타령을 부르며 나오는데 옷차림은 또 무당 차림이라, 이번엔 만수받이 무당굿까지 하는 거야. 맏양반의 아들인 도령마저 재물대감을 흉내 내며 병신 춤을 추어 대니 둘째양반은 집안 망신 다 시킨다며 한탄을 하지.

다투기를 멈춘 양반들은 말뚝이를 불러 대기 시작해.

"이놈 말뚜우가아 어이- 어이."

말뚝이 둘이 춤을 추면서 나오더니 마구간에 있는 노새를 노시안님이라고 하질 않나, 담뱃대 꿀물을 똥물이라고 하질 않나. 아주 대놓고 양반들을 놀리는데, 양반들은 그런 줄도 모르고 마냥 즐거워하며 춤을 춰.

6과장

노승 취발이춤

팔목중춤 | 노승춤 | 취발이춤

6과장

노승 취발이춤

1경 팔목중춤

목중 여덟이 북, 장구를 들고 나와서 다 같이 어울려 춤을 춰. 목중 하나가 춤만 출 것이 아니라 노래도 한 마디씩 해 보는 것이 어떠냐고 하거든. 모두들 좋다고 〈성주풀이〉를 부르면서 춤을 추지. 그러다가 놀이마당 한쪽 구석에 엎드려 있는 노승을 발견하고는 차례로 조심스럽게 다가가

"네가 사람이냐, 짐승이냐?" 하고 물었지. 하지만 대답이 없어. 노승을 이리저리 살피던 목중 하나가

"오오 알것다! 네 머리에 송낙을 쓰고 칡베 장삼을 입고 붉은 가사를 걸친 것을 보니 저 뒷절 중이 분명하구나. 절에서 불도를 닦아야 할 중이 여긴 웬일이냐? 오냐! 아무래도 네가 풍류를 좋아하는 것 같구나. 산 좋고, 물 좋고, 인물 좋고, 풍류 좋은 곳으로 우리가 안내할 테니 가 보겠느냐?"

그 말을 들은 노장이 고개를 끄덕이자 팔목중은 일제히 크게 웃고는 〈백구타령〉을 다 같이 부르며 노승을 이끌고 풍류 좋은 곳으로 가지.

2경 노승춤

팔목중은 노승을 풍류 좋은 곳으로 안내하고 소무 두 명을 데려다 놓아. 노승은 부채로 얼굴을 가린 채 느린 장단에 맞춰 춤을 추다가 주위를 살펴. 소무의 아름다움에 취한 노승은 같이 놀자고 소무를 구슬리지만 소무는 새침하게 굴면서 모르는 체하지. 이쪽을 보면 저쪽으로 살짝 돌아서고, 다시 이쪽을 보면 역시 돌아서니 아이고, 노승이 얼마나 애가 타겠나? 노승은 거울을 보고 얼굴을 다시 매만진 다음 염

주를 소무 목에 걸어 주지만, 소무는 염주를 벗어 던지면서 더욱 애타게 하다가 마침내 노승을 받아 줘. 노승은 크게 기뻐하며 애정의 표시로 염주와 입고 있던 가사를 벗어 주고 함께 어울려 춤을 추지.

3경 **취발이춤**

노승과 소무가 즐겁게 춤을 추고 있는데, 갑자기 취발이가 나타나.

"야, 이 중놈아! 말 들어라. 아니 중이라는 것이 절에서 불도 닦고 미투리짝이나 삼으면 그만이지, 이런 곳에 내려와서 젊고 아름다운 여자를 데리고 놀다니 어디 이를 말이냐? 너는 불가의 적이요, 도가의 망신이라. 너 같은 놈을 그냥 둘 수 없어. 내 당장 네놈을 쫓아 버리겠다. 쫓아보세- 쫓아보세- 뒷절 중놈 쫓아보세-."

취발이는 호통을 치며 버드나무 가지로 노승을 후려쳐 내쫓아. 얻어맞고 쫓겨나는 노승을 보고 통쾌해 하다가 소무를 꾀어 같이 춤을 추며 놀지. 소무가 아이를 낳자 취발이는 매우 기뻐하며 이름을 지어 주고 글을 가르치는데, 한번 가르쳐 주면 잊어버리지 않는다며 아이 자랑을 하고 사랑가를 불러.

둥둥 내 사랑 어화둥둥 내 사랑
하늘에서 떨어졌나 땅에서 불끈 솟아났나
둥둥 내 사랑
은을 주면 너를 살까 금을 준들 너를 살까
둥둥 둥둥 어허둥둥 내 사랑

7 과장

미얄영감 할미춤

미얄할미가 집 나간 영감을 찾아 여기저기 돌아다니면서 노래를 불러.

보고지고 보고지고 우리 영감 보고지고
어둠침침 야삼경에 불현듯이 보고지고
대한칠년 왕가뭄에 빗발같이 보고지고
구년치수 흐린 날에 햇빛같이 보고지고

간절한 할미의 노래가 하늘에 닿았는지 어쨌는지 용케도 영감을 만나게 되었어. 그런데 힘들여 찾은 영감이 할미한테 한다는 소리 좀 들어 보게. 집 나가 있는 동안 외로워서 작은마누라를 하나 얻었는데, 집으로 데려오고 싶다는 거야.

그 소리를 들은 할미는 처음엔 부아가 치밀었지만, 가만 생각해 보니 이제 너무 늙어 집안일도 하기 힘든데 젊은 것 데려다 일이나 시키면 되겠다 싶었지. 영감이 용산삼개집을 데리고 와서 인사를 시키는데, 아 글쎄 이것이 할미를 힐끔 쳐다보더니 엉덩이 한번 씰룩하고 마는 거야. 대놓고 할미를 무시하니 할미가 얼마나 기막혀. 그래서 좀 구박을 했더니 영감 하는 말이 더 가관일세. 용산삼개집을 감싸면서 무시받기 싫으면 집을 나가라나? 그럼 노잣돈이나 좀 달라고 하는 할미한테 영감은 달랑 깨진 바가지 하나 던져 주네.

"노잣돈도 나는 싫고 세간도 나는 싫다. 너희 둘이나 잘살아라."

괄시받고 집을 떠나는 할미의 억울한 마음은 대체 누가 알아줄는지? 할미는 그 길로 집을 나가 강물에 몸을 던지고 말아. 남강노인이 할미의 짚신과 유서를 갖고 오니 영감은 그제야 잘못을 뉘우치고 할미의 넋을 달래는 지노귀굿을 하지.

사자놀이

함경남도 북청 지방에서 정월 대보름마다 놀던 탈춤이다.
우리나라에 살지 않는 사자를 내세운 것이 색다르다.
동물의 왕인 사자가 한바탕 춤을 추면 나쁜 귀신과 재앙을 쫓고 마을을 지킬 수 있다고 믿었다.

북청사자놀음

북청사자놀음 이야기

북청사자놀음은 함경남도 북청에서 놀던 탈춤이야. 육이오 전쟁 때 남녘으로 내려온 북청 사람들이 전해 주어서 다시 볼 수 있게 되었지. 북청에서는 그저 '사자놀이' 라고 하던 것인데, 1967년에 중요무형문화재로 지정되면서 '북청사자놀음' 이라는 이름이 붙었어.

1950년대까지 북청 지방에서 놀았던 사자놀이는 지금 모습과는 많이 다르다고 해. 본디 북청에서 벌이던 사자놀이는 한 가지 모습이 아니었거든. 정월 대보름 밤에 북청군 열한 개 면, 세 개 읍 여러 마을에서 저마다 따로 놀았던 것이니, 사자탈 생김새나 노는 모습이 마을마다 다를 수밖에. 그렇게 마을 사람들끼리 자유롭게 즐기던 민속놀이에서 구경꾼들한테 보여 주는 공연 예술로 바뀌면서 이래저래 다듬어진 거지.

어느 때나 어느 곳에서나 농사꾼들이 바라는 것은 한결같아. 한 해 농사가 풍년이 들고, 온 마을 사람들이 아무 탈 없이 평안하게 지내는 것이지. 해마다 정월이면 이런 소원을 비는 뜻으로 마을마다 여러 가지 민속놀이를 벌였는데, 그 가운데서도 풍물패가 집집마다 돌면서 잡귀를 몰아내고 복을 비는 지신밟기가 가장 흔했어. 북청사자놀음도 이 지신밟기와 똑같은 뜻으로 벌였다고 보면 돼.

정월 대보름날, 해가 지고 어둑해질 무렵이면 마을 청년들은 횃불을 들고 마을과 마을끼리 횃불싸움을 벌였어. 횃불싸움이 끝나면 자기네 마을 도청* 으로 돌아가 마을 어른들한테 싸움의 결과를 알려.

도청 앞마당에 퉁소 가락이 울려 퍼지면 마을 사람들이 하나둘 모여들기 시작해. 밤하늘 가운데 보름달이 새긴 듯 뚜렷하고, 모닥불은 활활 타오르고, 사람들은 흥겨운 음악 속에서 술과 음식을 먹고 놀아. 추운 날씨에 밤새도록 춤추며 즐긴다는 것은 흥과 신명 없이는 불가능한 일이야. 그렇게 모두가 들떠 있는 가운데서 북청사자놀음이 펼쳐지는 거야.

북청사자놀음은 크게 마당놀이와 사자놀이로 나눌 수 있어. 마당놀이는 퉁소를 중심으로 장구, 소고, 북, 꽹과리, 징이 연주하는 굿거리장단에 맞추어 춤을 추며 놀이마당을 도는 길놀이로 시작해. 이어서 꺽쇠 양반, 애원성춤, 거사 사당춤, 무동춤, 꼽추춤, 칼춤, 넋두리춤과장이 차례로 펼쳐지지. 마당놀이가 끝나면 커다란 사자탈을 뒤집어쓴 놀이꾼이 나와 사자춤을 추면서 비로소 사자놀이가 시작돼.

북청사자놀음은 다른 지방 탈춤과는 달리 퉁소를 두 개, 많이 쓸 때는 여섯 개까지 쓰면서 독특하고 흥겨운 가락으로 이끌어 가. 반주를 서서 하는 것이나 탈을 쓰는 사람이 넷밖에 안 되는 것도 북청사자놀음이 움직임이 많고 다 같이 활기차게 노는 놀이이기 때문이야.

이튿날 새벽에 놀이가 끝나면, 이번에는 사자가 집집마다 돌면서 나쁜 귀신을 쫓는 의식을 벌여. 머리를 흔들어 요란한 방울 소리를 내고 입을 열었다 닫았다 딱딱 소리를 내면서 방방마다 들어가 춤을 추지. 곡식과 쌀독을 두는 광에도 들어가고, 부엌에서 바가지를 물고 나와서는 마당에 던져 깨뜨리기도 해. 뒤꼍, 장독간, 외양간 할 것 없이 가리지 않고 돌아다니면서 한바탕 신나게 노는데, 이때 아이를 사자 위에 태우면 아이가 건강하게 오래 살 수 있다고 믿어서 너도나도 아이들을 태워. 커다란 사자 등에 올라탄 채 돌아다니면 참 신나겠지?

사자가 놀아 주고 나면 집집마다 고맙다는 표시로 돈과 곡식을 내놓기 마련이야. 이 가운데 놀이 비용으로 쓰고 남은 것은 먼저 마을에서 가장 형편이 어려운 사람들한테 주어서 굶는 사람들이 없도록 했어. 나머지 돈으로는 학비가 없어서 공부를 못하는 학생들을 돕기도 하고, 노인들을 대접하는 잔치를 열거나 도청을 새로 짓는 공공사업에도 두루 썼지. 이처럼 북청사자놀음은 나쁜 기운을 물리치고 풍년을 비는 일 말고도, 마을 사람들이 두루 행복하게 잘살 수 있도록 보살피는 역할을 하면서 서민들과 함께했던 거야.

*도청(都廳) : 도회청. 마을 모임을 하려고 마련한 집.

북청사자놀음 [중요무형문화재 제15호]

1과장 **길놀이** 정월 대보름 달이 뜨기 시작하면 청년들이 모여 횃불싸움을 벌인다. 횃불싸움이 끝나면 흥겨운 음악과 함께 놀이마당으로 줄지어 가서 사자놀이를 시작한다.

2과장 **꺽쇠 양반** 길잡이가 나와 막대를 휘두르며 놀이마당을 정리하면 꺽쇠가 주인 양반을 모시고 나온다. 양반과 꺽쇠는 사자놀이에 대한 이야기를 주고받고는 악사들을 불러들인다.

3과장 **애원성춤** 퉁소 가락에 맞추어 민요를 부르면 춤꾼이 나와 애원성춤을 춘다.

4과장 **거사 사당춤** 사당춤곡에 맞추어 들어온 거사 둘과 사당 둘이 함께 어울려 춤을 춘다. 거사는 소고춤을 추고, 사당은 함경도 고유의 춤인 넋두리춤을 경쾌하고 신명 나게 춘다.

5과장 **무동춤** 어른 둘이 아이를 무동 태우고 나와 퉁소 가락에 맞추어 무동춤을 춘다. 놀이패와 구경꾼들이 놀이마당에 나와 다 같이 흥겹게 춤을 춘다.

6과장 **꼽추춤** 등에 헝겊을 넣어 혹을 만든 꼽추가 병신춤을 추는데, 매우 흥겹고 우스꽝스럽다.

7과장 **칼춤** 춤꾼 둘이 양손에 칼을 들고 빠른 장단에 맞추어 화려한 손놀림으로 칼춤을 춘다.

8과장 **넋두리춤** 마을 여인네 여럿이 나와 노래에 맞추어 넋두리춤을 춘다. 매우 경쾌하고 활발하게 움직이면서 원을 만들고 한 사람씩 원 안에 번갈아 들어가며 춤을 춘다.

9과장 **사자춤**

초장 꺽쇠가 사자를 끌고 들어온다. 느린 굿거리장단에 맞춰 사자가 굼실굼실 춤을 춘다.

중장 상좌가 들어와 사자를 부리며 춤을 춘다. 힘차고 활달하게 춤추던 사자가 아이를 잡아먹고는 체해서 쓰러진다. 의원을 불러 침을 놓자 다시 살아난다.

말장 사자 두 마리가 어울려 춤추면 상좌와 거사도 들어와 함께 어울린다. 꺽쇠가 사자를 데리고 집집마다 돌며 나쁜 귀신을 쫓고, 아이를 사자에 태워 장수하기를 빌어 주기도 한다. 모두가 모여 한바탕 춤추고 사자놀이를 마친다.

사자

꺽쇠

길잡이

꼽추

양반

1과장

길놀이

길잡이를 앞세우고 모든 놀이꾼이 나오면 사자와 함께 춤을 추면서 마당돌이를 해.

2과장

꺽쇠 양반

꺽쇠가 양반의 허리끈을 잡고 이끌며 갈지자걸음으로 걸어 나오네.

"이놈, 꺽쇠야, 양반을 정하게 모시려무나. 어째서 삐뚝삐뚝 갈지자걸음을 하는고?"

양반이 거드름을 피우며 나무라면 꺽쇠는

"이렇게 모시면 되겠습메?"

하며 양반 등을 슬쩍 밀쳐 넘어뜨리질 않나, 양반 수염을 함부로 만지면서

"실로 좋습메, 주인 양반, 내하고 바꿈세."

하며 자기 수염하고 바꾸자고 하질 않나 버릇없이 굴어.

"이놈, 철딱서니 없는 말 좀 작작해라."

"이놈 저놈 하지 맙세, 사람 팔자 알 수 있습메? 주인 양반이라고 꺽쇠 신세 되지 말란 법 있습메?"

양반이 꾸짖으면 함경도 사투리를 흉내 내며 대드는데, 그 모습이 밉지가 않아 양반도 허허 웃고는 볼거리 많은 북청에 왔으니 우리 한번 흥겹게 놀아 보자고 해.

"우선 북청에만 있다는 퉁소 소리가 듣고 싶구나."

양반이 청하자 꺽쇠가 악사들을 불러들여 연주를 시작하니, 흥이 난 양반이 사당춤을 불러들여라, 무동춤, 꼽새춤을 불러들여라, 사자춤을 불러들여라…… 이것저것 볼거리를 청하고, 꺽쇠는 하나하나 불러들여 춤을 추게 하지.

양반과 꺽쇠는 첫 과장에서 마지막 과장까지 놀이마당에 줄곧 머무르면서 서로 말을 주고받으며 차례차례 놀이꾼들을 불러들이고 놀이 내용을 소개하는 중요한 역할을 해. 정해진 대사는 없고 그때그때 이야기를 꾸며 내 구경꾼들을 즐겁게 해 주지. 여느 탈춤처럼 양반과 하인이 서로 미워하며 갈등하는 것이 아니라 함께 놀이판을 이끌어 가는 보기 좋은 모습이야.

3과장

애원성춤

"가슴을 도려내는 애원성춤 듭시오 –" 꺽쇠가 애원성춤을 청하면, 악사는 퉁소 가락에 맞추어 민요를 부르고, 춤꾼은 음악에 맞추어 남편과 자식을 그리워하는 마음을 춤으로 나타내. 양반도 가장자리를 돌며 너울너울 춤을 추지.

4과장

거사 사당춤

"자 – 간드러진 거사, 사당춤 듭시오 –" 소고를 든 거사 둘이 마주 보고 춤을 추다 양쪽으로 벌어지면 사당 둘이 들어와 넷이 십자꼴로 왔다 갔다 하면서 경쾌하게 춤을 추지. 양반이 "남녀 두 쌍이 잘도 추는구나, 얼씨구 좋다." 하면서 흥을 돋워.

5과장 무동춤

"자, 아기자기한 무동춤 듭시오-"

흥겨운 퉁소 가락에 맞추어 남녀 어른 둘이 남자아이와 여자아이를 무동 태우고 나오는데 이 무동들은 어깨 위에서 까딱까딱 손놀림만으로 무동춤을 추지. 흔히 대여섯 살쯤 된 아이들이 무동을 타는데, 정해진 춤사위 없이 마음 가는 대로 몇 가지 손놀림을 섞어 가며 귀엽게 춤을 추는 거야.

무동을 태운 사람들은 구경꾼들이 무동춤을 잘 볼 수 있도록 반주에 맞추어 놀이마당을 십자꼴로 왔다 갔다 해. 꺽쇠도 이리저리 바쁘게 움직이면서 길을 안내하지.

이 과장에서는 구경꾼들도 함께 어울려 놀기도 해. 구경꾼들 가운데 손자, 손녀를 데리고 온 할아버지나 할머니가 있으면 꺽쇠가 아이를 무동 태우게 하고 놀이판으로 이끌어 내어 함께 흥겹게 춤을 추기도 하거든.

6과장

꼽추춤

"배꼽 빼는 꼽새춤 듭시오 –" 꼽추 광대가 뒤뚱거리며 걷거나 앉아서 어기적거리면서 매우 빠른 장단에 맞추어 병신춤을 춰. 춤추는 모습이 측은하기보다는 오히려 웃음을 자아내서 구경꾼들한테는 가장 인기 있는 과장이야.

7 과장

칼춤

"자, 여름에도 서릿발 서는 칼춤 듭시오 –" 꺽쇠가 놀이마당 한가운데에 칼을 갖다 놓고 춤꾼을 불러. 춤꾼 둘이 나와 양손에 칼을 잡고 어지럽게 칼춤을 추니, 칼날을 재빠르게 휘두를 때면 양반은 괜히 겁이 나서 슬슬 뒷걸음질을 치지.

8과장

넋두리춤

젊은 여인 늙은 여인 가릴 것 없이 마을 여인 여럿이 나와서는 노래에 맞춰 넋두리 춤을 춰. 정해진 춤사위가 없이 제각기 두 팔을 옆으로 들고서는 머리를 숙인 채 손목과 어깨를 살랑살랑 흔들고, 다리를 번갈아 가며 뒤로 살짝살짝 들면서 활발하고 경쾌하게 추지.

넋두리춤은 본디 북청 지방의 여인들이 한식 이튿날 강가 모래밭에 모여 바가지를 엎어 놓고 두드리며 부르던 '돈돌라리'라는 북청 지방 민요에 맞춰 추던 춤이야. 그래서 넋두리춤을 '돈돌라리춤'이라고도 불러.

'돈돌'이라는 말은 '돌고 돌아 제 곱이로 돌아온다'라는 뜻이래. 그래서인지 노래도 "돈돌라리 돈돌라리리라. 리라나리요. 모래 청산에 돈돌라리요……" 하고 같은 가락을 되풀이하고, 춤도 강강술래처럼 둥근 원을 만들어 빙빙 돌면서 한 사람씩 원 안에 번갈아 들어가지.

이 과장은 북청 지방에서만 볼 수 있는 특별한 춤사위를 널리 보여 주려고 1980년대에 북청사자놀음에 새로 넣었다고 해.

9과장

사자춤

초장 — 중장 — 말장

9과장 사자춤

초장

"자, 젊음의 기상- 사자가 들어간다- 얼씨구 좋다-"

꺽쇠가 사자를 끌고 들어와서는 덩실덩실 춤을 춰. 사자는 느린 굿거리장단에 맞추어 굼실굼실 춤을 추며 몸을 푸는데 아래로, 위로, 좌로, 우로 머리를 번갈아 돌리며 힘차게 모래기를 치지.

중장

"자, 풍류가 철철 넘치는 승무 듭시오-."

상좌가 들어와 한삼을 공중에 뿌리면서 승무를 추면 초장에서 몸을 푼 사자는 엎드렸다가는 벌떡 서고, 옆으로 게걸음을 치다가는 튕기듯이 커다랗게 뛰어오르며 힘차고 활달하게 춤을 추기 시작해. 입 맞추고, 몸을 털고, 머리를 좌우로 돌려 이도 잡고, 꼬리를 흔들다가 몸을 긁기도 하면서 온갖 재주를 부려.

꺽쇠가 아이를 사자 앞에 데려다 앉혀 놓으면 사자가 아이한테 슬금슬금 다가가. 아이가 놀라 "엄마!" 하고 소리를 지르며 울면 아이 울음소리에 놀란 사자는 뒷걸음질을 치면서 물러 나왔다가 다시 슬금슬금 다가가지. 그렇게 몇 번을 되풀이하다가 사자는 결국 아이를 잡아먹고 말아.

아이를 잡아먹고 신나게 춤추던 사자가 갑자기 비실비실하더니 쓰러져. 염불을 해도 효험이 없자, 양반은 의원을 불러와 침을 놓게 해서 사자를 살려 내지.

말장

사자가 다시 살아나면 사자 두 마리가 어울려 입도 맞추고 신나게 춤을 춰. 상좌와 거사 둘도 들어와 놀이마당을 돌면서 흥겹게 춤을 추지.

아이들을 사자 등에 태워 무병장수를 빌고, 모두가 어울려 한바탕 춤을 추면서 놀이를 마무리해.

옛날에는 어떤 탈을 썼을까?

옛날 사람들은 탈이 특별한 능력을 지니고 있다고 믿어 항상 두려워하고 신성하게 여겼다. 그래서 마을을 지켜 주는 신으로 사당에 모시거나 풍년을 비는 굿을 할 때, 나쁜 귀신을 쫓는 나례 의식이나 장례식을 할 때도 탈을 썼다. 시간이 흐르면서 쓰임새가 차츰 바뀌었고, 오늘날에는 탈춤에 쓰는 놀이탈로서만 살아남아 쓰이고 있다. 탈춤에 쓰이지는 않지만 남아 있는 옛 탈 가운데 알아 두면 좋을 만한 탈 몇 가지를 따로 살펴보기로 한다.

방상시탈 [중요민속자료 第16號]

'방상시' 란 악귀를 쫓는 탈로 흔히 눈이 네 개인 모습을 하고 있다. 본디 중국에서 장례에 쓰던 풍습이 신라 시대에 우리나라에 들어와 조선 말까지 장례와 나례 의식에 썼다. 궁중에서 섣달 그믐날 밤 붉은 옷을 입고 방상시탈을 쓴 사람들이 악귀를 쫓는 의식을 벌였고, 중국 사신을 영접하는 의식에도 썼다. 조선 시대에는 장례를 치를 때 악귀를 쫓으려고 상여 앞에 세우기도 했다. 마지막 국상인 고종의 장례식 때도 커다란 방상시탈을 앞장세웠다. 지금 유일하게 남아 있는 나무로 된 방상시탈은 조선 말 무렵에 궁중에서 쓰던 것으로 창덕궁에 보관되어 왔다. 길이가 72센티, 너비가 74센티에 이른다.

경주 호우총에서 출토된 목심칠면도 방상시탈로 짐작된다. 신라 시대인 6세기 무렵의 것으로 오늘날 전하는 탈 가운데 가장 오래된 것이다.

처용탈 [중요무형문화재 第39號]

신라 처용 설화에서 비롯한 탈로 얼굴은 유자나무를 깎거나 옻칠한 삼베에 붉은 칠을 해서 만들고 양쪽 귀에는 주석 귀고리에 납 구슬을 달았다. 사모는 대나무로 망을 짠 다음 종이를 발랐으며 그 위에 복숭아 열매와 가지를 꽂고 모란꽃을 달았다. 붉은 얼굴빛과 머리에 달린 복숭아는 귀신을 쫓는 벽사의 뜻을 지닌다.

처용탈을 그려 방문 앞에 붙여 두면 마마를 옮기는 역신을 쫓는다고 믿어 부적으로 널리 쓰기도 했고, 고려 때부터는 나례 의식의 하나로 궁중에서 처용무를 출 때 무용 가면으로도 쓰기 시작했다. 조선 시대에 이르러서는 오방처용무를 출 때 오방신장처럼 청색, 적색, 황색, 백색, 흑색 다섯 가지 색깔의 처용탈을 쓰기도 했다.

장군탈

마을을 지켜 주는 수호신으로 여겨 사당에 모셔 두고 매달 초하루와 보름에 무당이 탈에 제를 올렸다. 경북 영천군 신녕면의 무당 집에 모셨던 것으로 나무를 깎아 만들었다. 붉은 얼굴에 큼직한 눈과 코, 검은 수염 세 가닥이 장군으로서의 위엄을 나타내는 듯하다.

옛날 신녕의 두실 마을 근처 시냇가에 나무 궤가 하나 떠내려오는 것을 한 노파가 건져 열어 보니 그 안에는 탈이 가득 들어 있었다. 탈에는 이것을 잘 모시면 풍년이 오고, 잘 모시지 않으면 재앙이 온다고 쓰여 있었다. 노파는 집집마다 이 탈을 나눠 주고 사람들은 자기 집에 탈을 모셔 초하루와 보름에 제를 지냈다. 이런 설화에서 비롯하여 20세기 초까지만 해도 신녕에 사는 무당들은 사당에 장군탈을 모시고 제를 올렸다고 한다.

병산탈 [국보 제121호]

경북 안동군 병산 마을에서 마을굿을 할 때 쓰던 탈이다. 고려 시대에 만들어진 것으로, 지금까지 전하는 탈놀이 탈 가운데서는 하회탈과 함께 가장 오래된 것이다. 1964년에 발견되어 하회탈과 함께 국보 121호로 지정되었는데 처음에는 따로 이름이 없이 '갑' 과 '을' 로 부르다가 1980년에 이르러 '양반' 과 '선비' 로 이름 붙였다.

하회 마을과 이웃하고, 만들어진 때도 비슷하지만 탈의 생김새는 섬세한 하회탈과 많이 다르다. 선이 소박하고 간략하며, 좌우 대칭이 아닌 얼굴 모습을 하고 있다. 나무를 깎아 만든 병산탈은 둘 다 턱이 없는데, 움직일 수 있도록 따로 만들어 붙였던 턱 부분이 없어진 것이라고도 하고, 자유롭게 재담을 할 수 있도록 처음부터 턱 부분을 만들지 않았다고도 한다. 지금은 국립중앙박물관에 있다.

선비

양반

탈춤에 나오는 사람들

탈춤을 놀 때 사람들은 배역에 맞는 탈을 쓴다. 흔히 탈 이름과 배역 이름은 같이 쓰는데, 특별히 탈을 구별해 이를 때는 배역 이름 끝에 '탈' 자를 붙인다. 다만 통영오광대의 양반탈처럼 배역 이름과 탈 이름을 달리 부르는 것은 괄호 안에 따로 적었다. 하나의 탈을 다른 배역에 같이 쓰기도 한다.

각시 하회별신굿탈놀이에서 마을을 지키는 서낭신이다. 땅을 밟지 않고 무동을 타고 다닌다.

검정양반(먹탈) 어머니의 행실이 나빠 얼굴이 검게 태어난 양반이다. 통영오광대에 나온다.

곰보양반(손님탈) 통영오광대의 일곱 양반 가운데 다섯째다. 옛날에는 마마를 손님마마라고도 했는데, 손님마마를 앓아 얼굴이 얽은 곰보양반이 쓰는 탈이라 해서 손님탈이라고도 한다.

길잡이 북청사자놀음에 나오는 인물. 막대기를 휘두르면서 놀이마당을 정리한다.

꺽쇠 북청사자놀음에 나오는 양반네 하인이다. 양반과 함께 놀이를 소개하면서 이끌어 간다.

꼽추 등에 헝겊을 넣어 불룩하게 하고 뒤뚱거리며 나와 병신춤을 춘다. 북청사자놀음에 나온다.

남강노인 사람의 수명을 맡는 별인 남극성의 화신이라고 한다. 봉산탈춤에서는 죽은 미얄할미의 넋이 좋은 곳으로 가도록 빌어 주고, 강령탈춤에서는 팔목중과 함께 춤추며 논다.

넷째양반 동래야류와 수영야류에 나오는 다섯 양반 가운데 넷째다.

노장 | 노승 오랫동안 수도를 해 온 나이 많은 중이다. 소무한테 반해서 파계를 한다. 강령탈춤, 봉산탈춤, 양주별산대놀이에 나온다.

눈끔적이 땅 신으로, 나쁜 귀신을 쫓는다. 양주별산대놀이와 송파산대놀이에 나온다.

담비 | 담보 범도 잡아먹는다는 상상의 동물이다. 통영오광대와 수영야류에 나온다.

덜머리집 | 용산삼개집 용산삼개덜머리집의 준말로 영감의 첩이다. 예의가 없고 재물에 욕심이 많은 젊은 여자로 강령탈춤과 봉산탈춤에 나온다.

도끼와 도끼누이 신할아비와 할미의 아들, 딸이다. 양주별산대놀이와 송파산대놀이에 나온다.

도령 | 도련님 양반 무리 가운데 나이가 어린 양반으로 얼굴이 바보 같거나 비틀어져 있다. 고성오광대, 양주별산대놀이, 송파산대놀이, 강령탈춤에 나온다.

둘째양반 강령탈춤에 나오는 네 양반 가운데 둘째다. 코 밑에 붉은 줄이 있는 언청이로, 맏양반과 서로 잘났다고 다투면서 되레 어리석은 모습을 보여 준다.

마부 강령탈춤에 나오는 사자를 부리는 사람이다. 채찍과 한삼을 휘두르며 춤을 춘다.

말뚝이 양반집 하인으로, 양반한테 당하기만 하는 서민들을 대신해 양반을 비판하고 골려 준다. 통영오광대, 동래야류, 양주별산대놀이, 강령탈춤에 나온다.

먹중 | 목중 속이 검은 중, 곧 파계승을 뜻한다. 양주별산대놀이, 송파산대놀이, 봉산탈춤, 강령탈춤에 나온다.

모양반 동래야류에 나오는 셋째 양반으로 얼굴이 개털로 뒤덮여 있어 개잘량이라고도 한다.

문둥이(문둥탈) 조상들이 지은 죄 때문에 벌을 받아 문둥병에 걸려 생김새가 흉측하다. 가산오광대, 통영오광대, 고성오광대, 수영야류, 동래야류에 나온다.

미얄영감 미얄할미의 남편. 미얄할미를 구박해서 죽게 한다. 봉산탈춤과 강령탈춤에 나온다.

미얄할미 늙은 본처로 얼굴에 점이 많다. 남편한테 구박받아 쫓겨나기도 하고, 첩과 다투다 죽기도 한다. 양주별산대놀이, 송파산대놀이, 강령탈춤, 봉산탈춤에 나온다.

백정 소불알을 떼어 내서 들고 다니며 사람들한테 사라고 한다. 하회별신굿탈놀이에 나온다.

봉사 점을 치거나 경문을 외는 사람이다. 가산오광대, 통영오광대, 고성오광대에 나온다.

부네 하회별신굿탈놀이에 나오는 젊은 부인이다. 술집 주모나 기생 또는 첩으로 보인다.

비뚤양반(비뚜름이탈) 통영오광대에 나오는 일곱 양반 가운데 넷째다. 풍병에 걸려 온몸이 비틀어졌으면서도 양반 신분을 자랑스럽게 여기며 위세를 부린다.

비비양반 비비와 맞닥뜨렸다가 혼쭐이 나는 양반이다. 고성오광대, 동래야류에 나온다.

사자 벽사 진경의 역할을 하는 동물이다. 사자춤을 추어 잡귀를 쫓고 집안과 마을의 평안을 빌어 준다. 통영오광대, 수영야류, 봉산탈춤, 강령탈춤, 북청사자놀음에 나온다.

상좌 노장(노승)의 가르침을 받으며 모시고 사는 제자 중이다. 가산오광대, 양주별산대놀이, 송파산대놀이, 봉산탈춤, 강령탈춤, 북청사자놀음에 나온다.

샌님 서방님, 도령과 함께 나오는 언청이 양반. 양주별산대놀이에서는 두 양반의 아버지로, 송파산대놀이에서는 삼대 가운데 웃어른으로, 봉산탈춤에서는 삼형제의 맏형으로 나온다.

서방님 양주별산대놀이, 송파산대놀이에서는 샌님의 아들로, 봉산탈춤에서는 양반 삼형제 가운데 둘째로 나오는 언청이 양반이다.

서울애기 가산오광대에 나오는 영감의 첩. 영감이 서울 갔다 돌아오면서 데리고 온다.

선비 학식은 높지만 관직에 나가지 못해 한이 많은 사람이다. 하회별신굿탈놀이에 나온다.

소무 어린 무당이란 뜻이지만 기생 역할에 가깝다. 송파산대놀이, 봉산탈춤, 강령탈춤에서 중을 유혹하는 여인으로, 양주별산대놀이에서는 샌님의 첩으로 나온다. 소매(각시)라고도 한다.

쇠뚝이 말뚝이의 친구로 의막사령을 맡는다. 양주별산대놀이와 송파산대놀이에 나온다.

수양반 수영야류에 나오는 다섯 양반 가운데 우두머리로, 풍채 좋은 50대 양반이다.

사골영감 고성오광대에 나오는 큰어미의 남편이다. 첩을 데리고 놀다가 아내와 다시 만난다.

신장수 장을 돌면서 신을 파는 봇짐장수다. 송파산대놀이, 양주별산대놀이, 봉산탈춤에 나온다.

신주부 침을 놓아 먹중의 자손을 살린다. 양주별산대놀이와 송파산대놀이, 봉산탈춤에 나온다.

신할미 송파산대놀이에 나오는 신할아비의 마누라. 머리와 눈썹이 하얗게 센 꼬부랑 할머니다.

신할아비 머리가 흰 할아버지라고 신할아비라 한다. 늙은 아내를 구박하고 저주해서 죽게 한다. 양주별산대놀이와 송파산대놀이에 나온다.

애사당 여기저기 떠돌며 춤추고 노래하던 사당 가운데 나이가 어린 사당으로 왜장녀의 딸이다. 돈을 받고 법고를 치며 먹중과 어울려 논다. 양주별산대놀이와 송파산대놀이에 나온다.

양반 하회별신굿탈놀이에 나오는 벼슬 한 자리쯤 하는 사람이다. 부네를 두고 선비와 다툰다.

연잎 하늘 신으로, 살아 있는 것이 눈에 비치면 모두 죽기 때문에 부채로 얼굴을 가리고 다닌다. 양주별산대놀이와 송파산대놀이에 나온다.

영감 동래야류에 나오는 할미의 남편이다. 첩 때문에 할미와 싸우다가 할미를 때려 죽인다.

영노 | 비비 힘없는 서민들을 괴롭히는 못된 양반을 벌하는 상상의 동물이다. 가산오광대, 통영오광대, 고성오광대, 수영야류에 나온다.

오방신장 다섯 방위를 지키는 다섯 신으로 중앙을 지키는 황제, 동쪽을 지키는 청제, 서쪽을 지키는 백제, 남쪽을 지키는 적제, 북쪽을 지키는 흑제가 있다. 가산오광대, 고성오광대에 나온다.

옴중 파계승으로, 옴이 올라 모습이 흉측하다. 양주산대놀이와 송파산대놀이에 나온다.

완보 먹중의 우두머리로 나이가 많고 아는 것도 많다. 양주별산대놀이와 송파산대놀이에 나온다.

왜장녀 애사당의 어머니로 먹중한테 딸을 판다. 양주별산대놀이와 송파산대놀이에 나온다.

원숭이 봉산탈춤, 양주별산대놀이에서는 신장수와 함께 다니며 심부름을 하기도 하고, 강령탈춤에서는 재주를 부려 구경꾼에게 재미를 주기도 한다.

원양반 여러 양반 가운데 우두머리로 양반 무리를 이끌어 가는 역할을 한다. 통영오광대, 고성오광대, 동래야류에 나온다.

이매 '이따위 녀석' 이라는 뜻의 안동 사투리로 '바보 병신' 을 뜻한다. 하회별신굿탈놀이에서 걱정 하나 없는 듯한 미소를 머금고 바보짓을 해서 구경꾼들한테 재미를 준다.

작은양반 가산오광대에 나오는 큰양반의 아들. 큰양반을 따라다니며 추임새를 넣는다.

작은어미 고성오광대에 나오는 영감의 첩인데 아이를 두고 할미와 다툰다. 제밀주라고도 한다.

재물대감 강령탈춤에 나오는 양반 삼형제 가운데 셋째다. 무당 차림을 하고 장타령을 부른다.

정돌이 통영오광대에 나오는 할미양반네 머슴이다. 몽돌이, 끝돌이라고도 한다.

제대각시 | 제자각시 영감의 첩으로 노란 저고리에 다홍색이나 남색 치마를 입은 젊은 여인이다. 통영오광대, 수영야류와 동래야류에 나온다. 고성오광대에서는 중을 유혹하는 기생으로 나온다.

조리중 통영오광대에 나오는 일곱 양반 가운데 일곱째. 온전한 중이라 할 수 없는 중이다.

종가도령 수영야류와 동래야류에 나오는 양반들 가운데 가장 어린 양반이다. 영리하지만 하는 짓이 가볍고 방정맞다. 쾌자를 입고 복건을 쓴다.

주지 하회별신굿탈놀이에 나오는 상상의 동물이다. 얼굴에 쓰지 않고 손에 쥐고 노는 손 탈이다. 좁고 길쭉한 나무판에 비늘을 그리고 꿩 깃털을 달았다.

중 여자한테 빠져 계율을 어기는 파계승이다. 하회별신굿탈놀이와 가산오광대에 나온다.

차양반 통영오광대, 수영야류, 동래야류에 나오는 일곱 양반 가운데 둘째 양반이다.

초랭이 하회별신굿탈놀이에 나오는 양반의 하인으로 촐랑거리며 까불어서 이름이 초랭이다. 날카롭게 파계승과 양반을 꾸짖거나 골려 우스갯거리로 만든다.

취발이 본디 절의 불목하니였는데 속세로 내려와 떠돌며 논다. 술과 여자를 좋아하고 힘이 세다. 양주별산대놀이, 송파산대놀이, 봉산탈춤, 강령탈춤에 나온다.

큰양반 가산오광대에 나오는 양반으로 아들인 작은양반 셋을 거느리고 다닌다.

큰어미 고성오광대에 나오는 시골영감의 아내. 얼굴의 반은 늙음을 뜻하는 흑갈색이고, 반은 젊음을 뜻하는 녹색을 띤다. 할미라고도 한다.

포도부장 샌님의 첩을 힘으로 빼앗는 벼슬아치다. 양주별산대놀이와 송파산대놀이에 나온다.

포수 총을 쏘아 사자나 영노를 죽인다. 가산오광대, 통영오광대, 수영야류에 나온다.

할미 늙고 힘없는 여인이다. 하회별신굿탈놀이에서는 시집간 지 사흘 만에 홀로 된 늙은 여인으로 가산오광대, 통영오광대, 수영야류, 동래야류에서는 첩한테 남편을 빼앗기는 본처로 나온다.

할미양반 통영오광대에 나오는 할미의 남편이다. 여러 여자랑 놀다가 병에 걸려 코에 침을 맞았는데, 그 붉은색 자국이 남아 있다. 할미를 버리고 집을 나와 제자각시와 살림을 차린다.

홍백양반(홍백탈) 통영오광대에 나오는 일곱 양반 가운데 셋째다. 얼굴의 반은 붉고 반은 희다.

참고한 책

《강령탈춤》(정형호 · 임원순, 2002, 화산문화)

《강령탈춤 교본》(김실자 · 김정순, 1989, 강령탈춤보존회)

《고성오광대》(심상교 · 박상윤, 2000, 화산문화)

《공동체의 춤 신명의 춤》(채희완, 1985, 한길사)

《동래야류》(김경남 · 이봉선, 2000, 화산문화)

《마당굿 연희본》(심우성, 1980, 깊은샘)

《문묘제례악과 양주별산대놀이》(조동원 외, 2004, 성균관대학교 출판부)

《민속극》(전경욱, 1993, 고려대학교 민족문화연구소)

《민족극과 전통예술》(허규, 1991, 문학세계사)

《봉산탈춤》(박전열 · 정수미, 2001, 화산문화)

《북청사자놀음》(전경욱 · 정수미, 2001, 화산문화)

《북청사자놀음 전수 교본》(전경옥, 1996, 태학사)

《산대 탈놀이》(서연호, 1987, 열화당)

《서낭굿 탈놀이》(서연호, 1991, 열화당)

《송파산대놀이》(이병옥, 1982, 대우사)

《수영야류》(정상박 · 임원순, 2001, 화산문화)

《수영전통문화재》(수영고적민속예술보존협회, 1997, 수영고적민속예술보존회)

《야류 · 오광대》(강용권, 1982, 형설출판사)

《야류 · 오광대가면극의 연구》(최상수, 1984, 성문각)

《야류 · 오광대 탈놀이》(서연호, 1989, 열화당)

《양주별산대놀이》(정형호 · 서헌강, 2000, 화산문화)

《오광대와 들놀음 연구》(정상박, 1986, 집문당)

《탈놀이의 기원과 구조》(박진태, 1990, 새문사)

《탈춤》(채희완 · 김문호, 1992, 대원사)

《탈춤의 역사와 원리》(조동일, 1988, 기린원)

《탈춤의 원리 신명풀이》(조동일, 2006, 지식산업사)

《통영오광대》(박진태 · 임원순, 2001, 화산문화)

《하회탈 하회탈춤》(임재해 · 김복영, 1999, 지식산업사)
《하회탈, 그 한국인의 얼굴》(임재해 외, 2005, 민속원)
《한국가면극 그 역사와 원리》(전경욱, 1998, 열화당)
《한국가면극》(이두현, 1973, 한국가면극연구회)
《한국가면극선》(이두현, 1997, 교문사)
《한국민속고》(송석하, 1960, 일신사)
《한국의 무형문화재》(한국문화예술진흥원, 1987, 정음사)
《한국의 민속극》(심우성, 1990, 창작과비평사)
《한국의 전통예술》(한국문화재보호재단 출판부, 2001, 한국문화재보호재단)
《한국의 탈》(한국민속박물관, 1982, 통천문화사)
《한국춤》(정병호, 1985, 열화당)
《朝鮮半島の仮面と童話》(高岡一弥 · 森田拾史, 2004, PIE BOOKS)

참고한 인터넷 사이트

가산오광대 보존회 http://www.gsokwangdae.com/
강령탈춤 보존회 http://www.gangryeong.kr/
고성오광대 보존회 http://www.ogwangdae.or.kr/
국립문화재연구소 http://www.nricp.go.kr/
동래야류 보존회 http://www.pusanminsok.or.kr/
봉산탈춤 보존회 http://www.bongsantal.com/
북청사자놀음 보존회 http://www.lionmp.com/
수영야류 보존회 http://www.suyoungminsok.or.kr/
안동국제탈춤페스티벌 http://www.maskdance.com/
양주별산대놀이 보존회 http://www.sandae.com/
통영오광대 보존회 http://www.okwangdae.com/
하회동 탈박물관 http://www.mask.kr/
하회별신굿탈놀이 보존회 http://www.hahoemask.co.kr/

그림 홍영우

1939년 일본 아이치 현에서 태어났습니다. 몸이 약해서 학교를 제대로 다니지 못해, 그림 그리는 일을 동무 삼아 어린 시절을 보냈습니다. 스물네 살 되던 해 우리말을 처음 배운 뒤, 동포 사회에 이바지하고자 출판 활동과 그림 그리는 일을 힘껏 해 왔습니다. 2005년에는 '광복 60주년, 6·15 공동선언 5주년 기념 전시회' 를 서울과 제주에서 열었습니다. 《겨레 전통 도감 전래놀이》《홍길동》《정신없는 도깨비》《딸랑새》《낫짱이 간다》《낫짱은 할 수 있어》에 그림을 그렸고, 재일 동포 어린이들을 위해 쓰고 그린 책으로 《우리말 도감》이 있습니다.

글 조현

1974년 진주에서 태어나 자랐습니다. 세계 여러 나라의 오지를 다니면서 그 여행기를 기업체 사보에 연재하기도 하고, 시조를 써서 중앙일보와 농민신문의 신춘문예에 당선되기도 했습니다. 지금은 서강대 언론대학원에 다니면서 글을 쓰고 있지요. 지난 2년 동안은 전국의 탈 박물관과 탈춤 공연을 찾아다니면서 공부했습니다. 이 글을 쓰면서 잊고 지냈던 마음속 신명을 확인하고 우리 탈춤의 매력에 흠뻑 빠져들게 되었답니다.

탈 그림 김경선

1969년 서울에서 태어나 이화여자대학교와 대학원에서 그림 공부를 했습니다. 《겨레 전통 도감 농기구》에 농기구를 그렸습니다. 이 책에서는 강령탈춤과 가산오광대 들에 쓰는 탈을 그렸습니다. 사람들의 마음을 따뜻하게 밝혀 주는 그림책을 만드는 것이 꿈입니다.

탈 그림 김성건

1974년 경주에서 태어났고 홍익대학교 미술대학 동양화과에서 그림 공부를 했습니다. 이 책에서는 봉산탈춤, 통영오광대, 고성오광대 들에 쓰는 탈을 그렸습니다. 탈의 표정과 생김새에 담겨 있는 다양한 삶을 엿볼 수 있어 더욱 즐거웠답니다.

* 청년 화가들의 모임인 '그림공장' 식구들도 탈 그림에 참여했습니다.